CON GRIN SUS CONOCIMIENTOS VALEN MAS

- Publicamos su trabajo académico, tesis y tesina

- Su propio eBook y libro - en todos los comercios importantes del mundo

- Cada venta le sale rentable

Ahora suba en www.GRIN.com y publique gratis

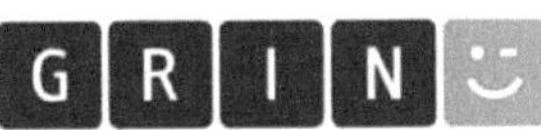

Bibliographic information published by the German National Library:

The German National Library lists this publication in the National Bibliography; detailed bibliographic data are available on the Internet at http://dnb.dnb.de .

Imprint:

Copyright © 2017 GRIN Verlag, Open Publishing GmbH
Print and binding: Books on Demand GmbH, Norderstedt Germany
ISBN: 9783668448841

This book at GRIN:

http://www.grin.com/es/e-book/365251/dibujo-artistico-i-conocimiento-tecnicas-y-tacticas

Jessica González Prados

Dibujo artístico I. Conocimiento, técnicas y tácticas

GRIN Publishing

Dibujo artístico I

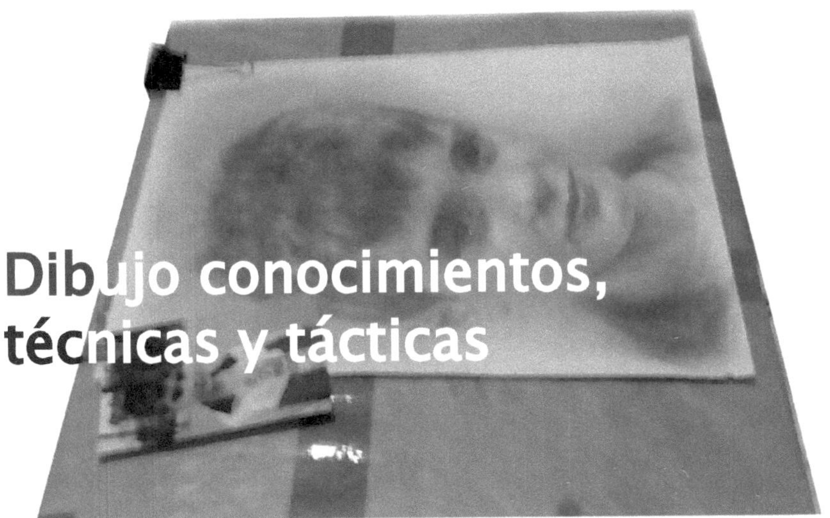

Sobre la autora:
 Jessica González Prados (1988, Barcelona) artista plástica residente en Sevilla. Cursó su licenciatura en Bellas Artes y Máster en Arte: Idea y Producción. Galardonada con la medalla de Bellas Artes al mejor expediente académico de máster 2013-2014 y miembro actual en la misma universidad del grupo de investigación del departamento de dibujo.

Bajo el nombre de "Jessica Gonpra" ha formado parte de importantes proyectos pictóricos, ilustrativos y *performances,* editando dos libros. En palabras de una crítica galerística "Las obras de Gonpra destacan por su denuncia social fruto de la implicación emocional de la artista en defensa de los derechos humanos en todos los ámbitos". Actualmente publicada un libro español de artistas emergentes.

Se ha dedicado a la docencia de la pintura en ámbitos generales al aire libre y en estudio, utilizando todas las técnicas, así como del dibujo a nivel de bachillerato.

Posee en su haber mas de 30 exposiciones tanto en galerías, museos como salas de certámenes en colectivas internacionales, nacionales y regionales. Destacando galerías de Inglaterra y Barcelona, diferentes museos nacionales y exposiciones de Francia.

Así también posee en su haber cinco exposiciones individuales de sus dos grandes colecciones artísticas.

Dibujos e imágenes de creación original 2007-2017

Indice

Contenidos

1. La forma.
- 1.1-Introducción a la terminología, materiales y procedimientos utilizados
- Capítulo independiente: Destrezas
- 1.2-Elementos básicos en la configuración de la forma. La línea como elemento configurador de formas planas de estructura geométrica sencilla. Perspectiva y geometría
- 1.3-La perspectiva. Aplicación de la perspectiva cónica al dibujo artístico. Perspectiva cónica
- 1.4-Encaje. La línea como elemento configurador de formas volumétricas de estructura sencilla. Partes vistas y partes ocultas. Proporción entre las partes de una misma forma tridimensional. Transformaciones de la forma tridimensional. Secciones y cortes. Espacio interior-espacio exterior: Sus representaciones gráficas
- Actividades de refuerzo

2. Las formas asociadas. La composición.
- 2.1- Introducción a la terminología
- 2.2- Tipos de composición
- 2.3- Relación entre distintas formas en el plano. Psicología de la forma: Leyes visuales asociativas
- 2.4-Organizaciones compositivas en el plano y en el espacio. Simetrías-analogías y contrastes-tensiones y ritmos
- 2.5-Composición: Las proporciones, la forma, el tamaño
  - 2.5.1- Unidad y variedad o contraste
  - 2.5.2- Destaque y punto de interés
  - Ejercicio de repaso

3. El claroscuro.
- 3.1-Estudio de la luz en geometría
- 3.2- Terminología
- 3.3- Claroscuro: aplicación y tipos
- 3.4- La naturaleza de la luz

Introducción

Como guía básica, utilizando contenidos de Dibujo Artístico I (primero de bachiller artístico), este libro recopila información a través de conocimientos de Licenciatura y Máster en Arte.

La pretensión de este documento es la de ampliar conocimientos sobre el dibujo así como técnicas y tácticas para aprender a dibujar y adquirir conocimientos mas profundos en cuanto al dibujo.

Dibujo artístico I

Capacidad de comprensión de las formas del entorno y del aprendizaje de los conocimientos necesarios sobre materiales, procedimientos y técnicas

Dos conjuntos conceptuales y temáticos

La estructura en cuanto a modo de establecer la organización interna

forma como aspecto exterior expresivo

Dibujo artístico I

-Aproximación de forma objetiva.

-Conocimiento de los elementos constitutivos de la forma y sus articulaciones y organizaciones elementales en el espacio.

Primer bloque. Las formas asociadas. La composición

Este primer bloque comienza con el resumen de la términología en cuanto al dibujo se refiere, así como, con la realización de destrezas como capítulo independiente tratando que comenzar las lecciones sobre dibujo desde el primer momento.

Continuando con el dibujo, hablaremos sobre las configuración de las formas dentro de la geometría descriptiva para hablar sobre la volumetría sobre el plano y la perspectiva en cuanto a la representación, pasando en la tercera parte por la perspectiva cónica (la representación mas cercana al ojo humano) para entender como se plasma la realidad o como se comportan las líneas reales dentro de de la percepción y la representación gráfica

En la cuarta parte de este primer bloque1.4-Encaje. La línea como elemento configurador de formas volumétricas de estructura sencilla. Partes vistas y partes ocultas. Proporción entre las partes de una misma forma tridimensional. Transformaciones de la forma tridimensional. Secciones y cortes. Espacio interior-espacio exterior: Sus representaciones gráficas

* Actividades de refuerzo

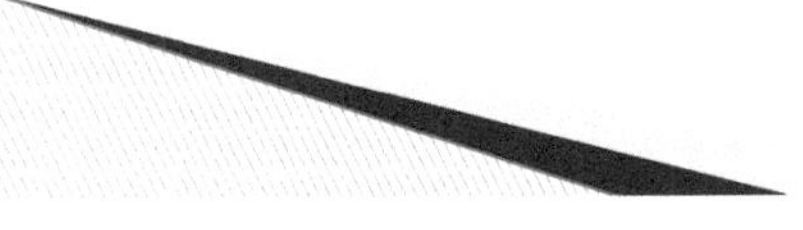

1.1 –Introducción a la terminología

Dibujo: cualidad intelectual capaz de constituirse en un verdadero medio de comunicación del individuo.

Dibujar: acción intelectual y valor autónomo, no solo un medio auxiliar para la creación de obras de arte. El lenguaje del dibujo permite transmitir ideas, descripciones y sentimientos.

Comunicación del dibujo:

- Analítica: Pensar y aprehender formas y objetos, para reparar en su estructura y ordenación interna.

- Subjetivo: Expresiones subjetivas de las formas, transmitiendo o intentando provocar sentimientos y emociones.

Capítulo independiente: Destrezas

▸ Realización de rectas paralelas

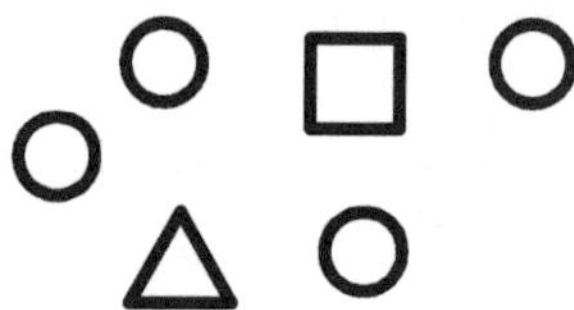

▸ Realización de círculos y formas geométricas simples

▸ Simetría

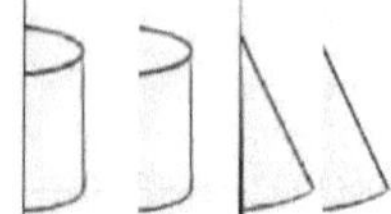

Ejercicio para soltar la mano. Buen procedimiento para lograr precisión o comenzar a trazar un dibujo una vez adquiridos los conocimientos necesarios.

1.2–Elementos básicos en la configuración de la forma: La línea como elemento configurador de formas planas de estructura geométrica sencilla. Perspectiva y geometría

▸ **1.2.1–Diédrico:** dentro de la geometría descriptiva, llamamos sistema diédrico a la representación tridimensional en un plano en una representación ortogonal. Sistema llamado diédrico debido a su representación en 10 vistas.

▸ Vistas principales: Alzado, Perfil y Planta.

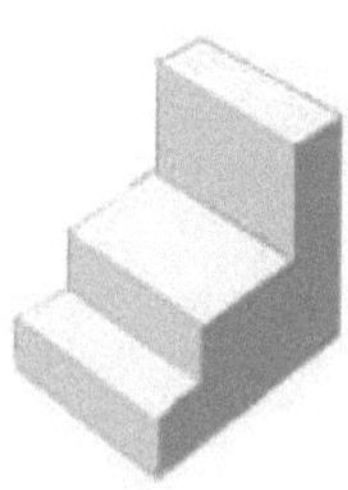

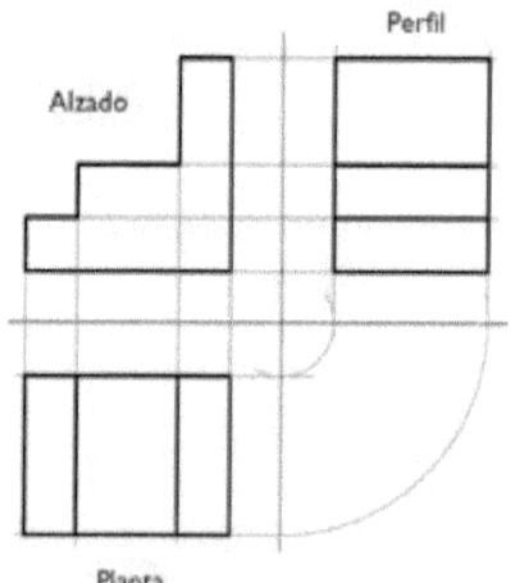

▸ Vistas en planta, alzado y perfil a través de los **Planos**
nos: Segmentos en forma de plancha de espacio imaginario

- ▸ **1.2.2-Isométrico:** Así también, dentro de la geometría descriptiva. Este sistema representa la figura tridimensional construida en los tres planos XYZ

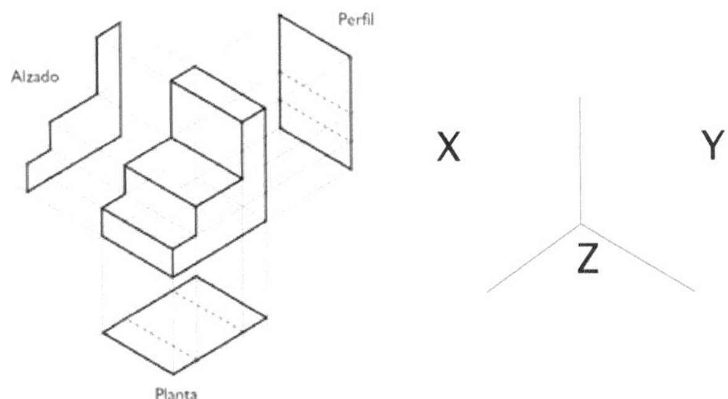

- ▸ El sistema de representación que plasma las vistas planta alzado y perfil de esta figura representada en el sistema axonométrico es lo que conocemos como sistema diédrico.

- ▸ # 1.2.3-Axonométrico oblicuo o sistema de representación en vista caballera: Representado como el sistema isométrico en el que el plano de perfil se representa en un ángulo de 90°

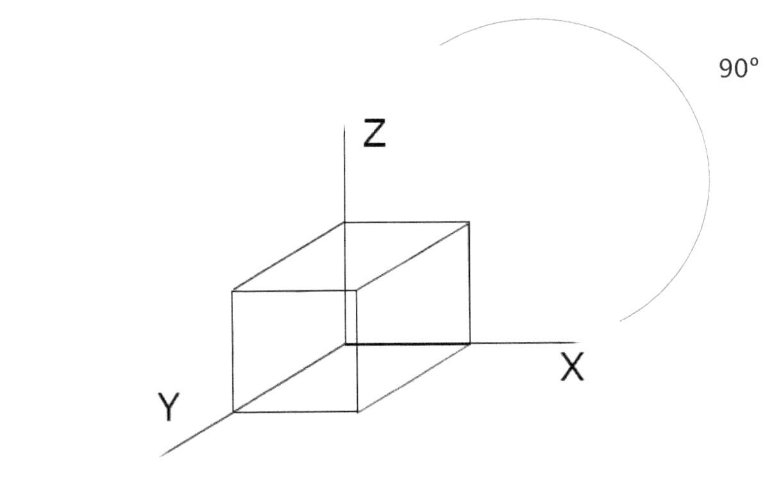

▸ 1.2.3–Axonométrico e isométrico: diferenciación gráfica de ambos sistemas de representación incluidos dentro de la geometría descriptiva.

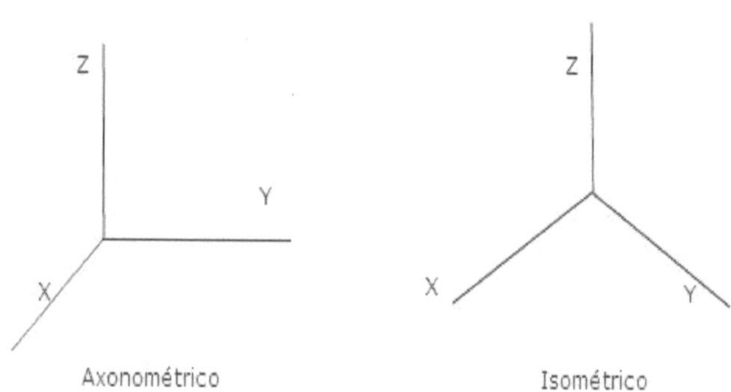

1.3–La perspectiva. Aplicación de la perspectiva cónica al dibujo artístico. Perspectiva cónica

▸ Sistema de representación gráfica basado en la proyección de un cuerpo tridimensional sobre un plano auxiliándose en rectas proyectantes que pasan por un punto. El resultado se aproxima a la visión obtenida si el ojo estuviera situado en dicho punto.

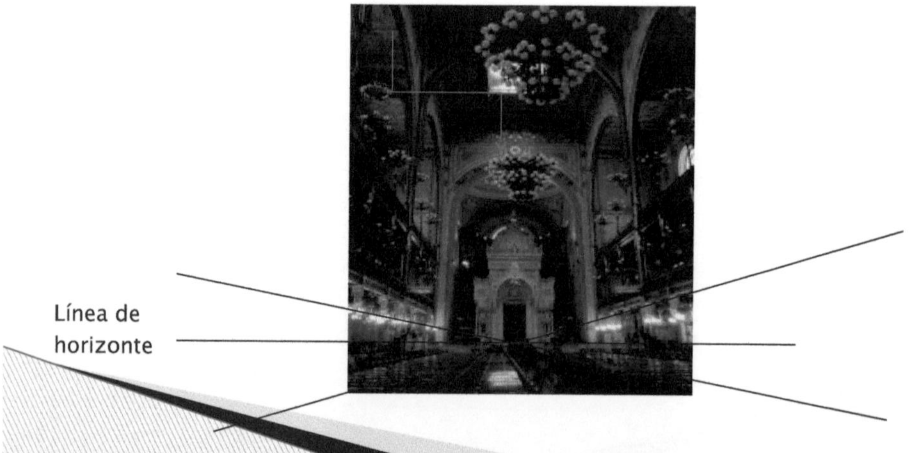

- # Línea de horizonte o Línea de tierra (H o LT):
  Línea situada en la realidad a la altura de los ojos. Pasa por el plano completo de manera horizontal

- # Punto de fuga (PF): Punto donde confluyen o se unen las líneas
  paralelas en la realidad en la línea de horizonte

PF

H

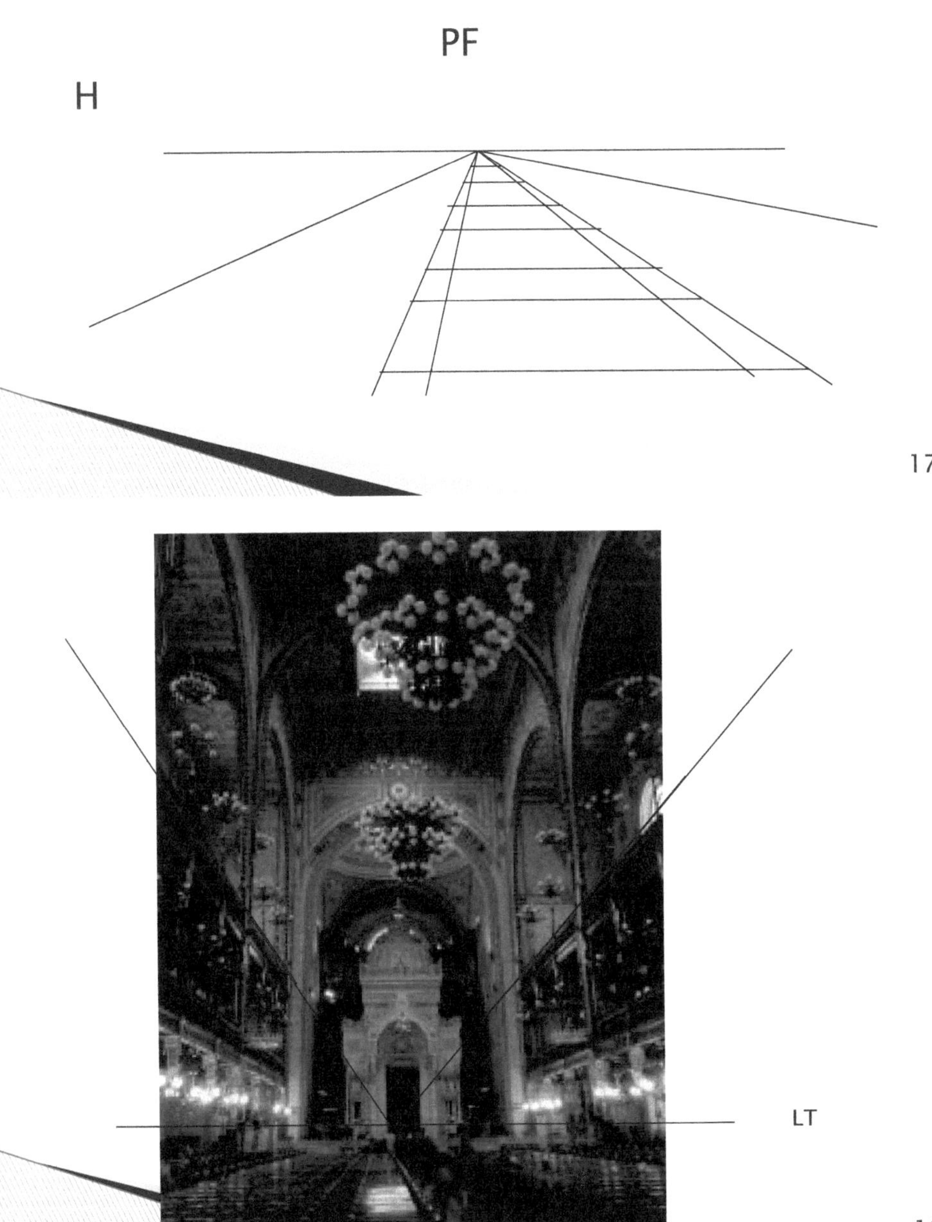

- Segundo caso de perspectiva cónica: Cuando existen dos puntos de fuga en una perspectiva cónica se denomina Perspectiva oblicua.

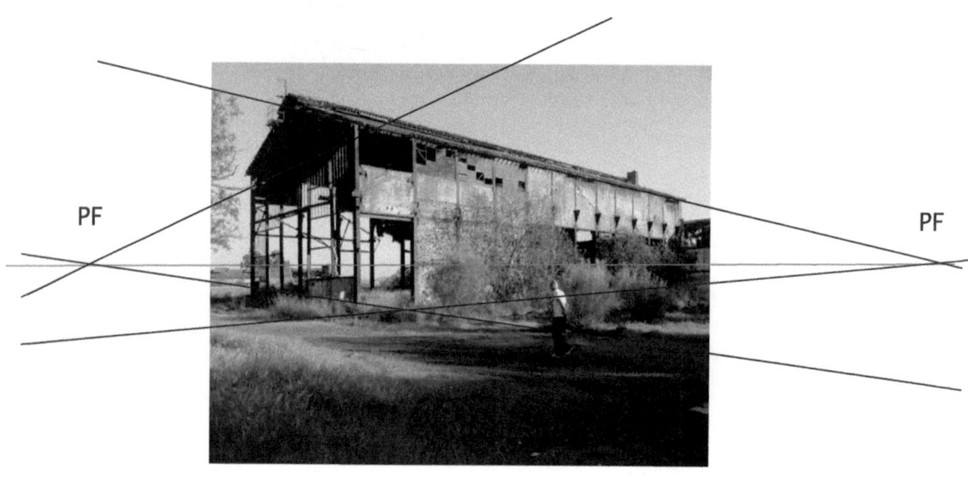

Casos especiales: Perspectiva aérea y/o picado y contrapicado, sucede cuando uno de los puntos de fuga se encuentra situado por encima o por debajo de la línea de tierra .

La perspectiva aérea se produce cuando existen tres puntos de fuga y uno se halla por encima o por debajo de la línea de tierra.

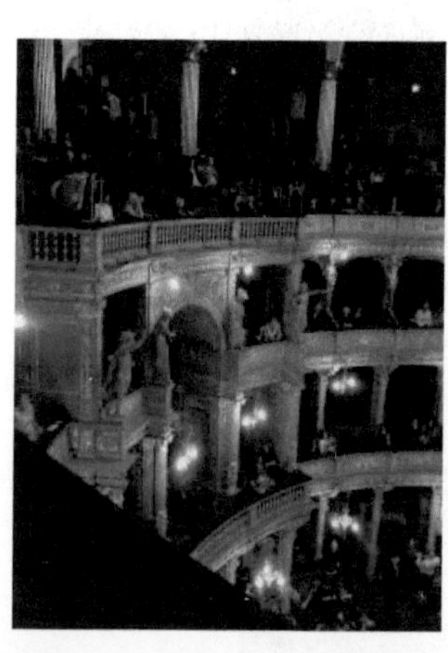

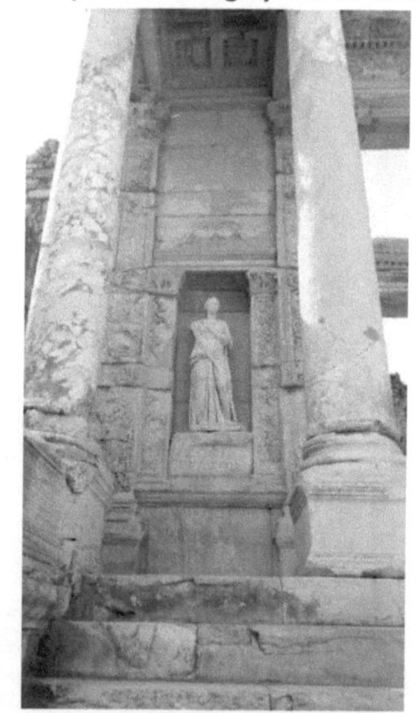

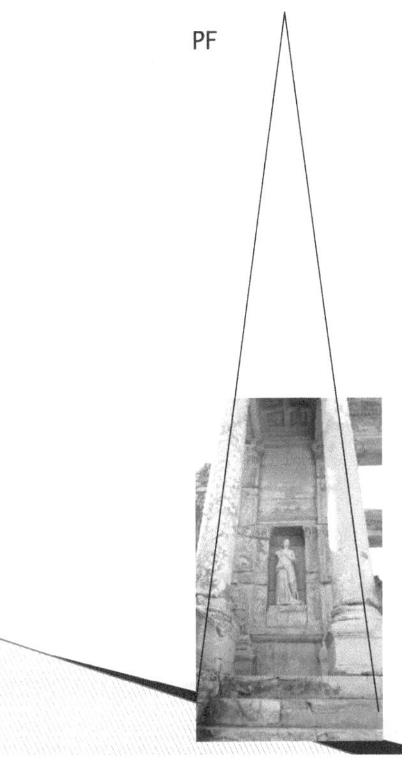

En el caso del contrapicado, como en casos anteriores el punto de vista se sitúa a la altura de los ojos cuando miramos hacia arriba, trasladándose el punto de fuga por encima de la línea de tierra donde convergen las líneas paralelas que se encuentran perpendicularmente al plano de tierra.

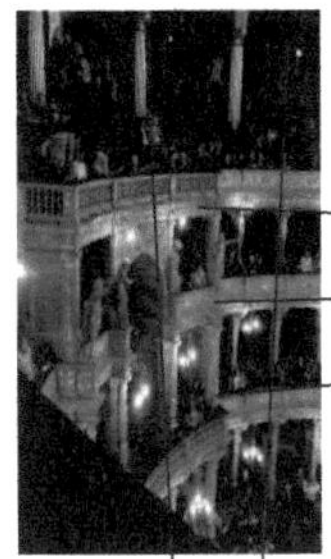

En el caso del picado, el punto de vista se sitúa a la altura de los ojos en una cuando miramos hacia abajo y línea de tierra corresponde con el suelo.

El proceso para la vista en picado es la misma que para el contrapicado, situando el punto de fuga por debajo de la línea de tierra.

En este caso concreto la vista es aérea ya que encontramos tres puntos de fuga, es decir, uno de los planos de la figura se encuentra de manera oblicua al plano del espectador (donde se encuentra el punto de vista).

1.4–Encaje y proporción. La línea como elemento configurador de formas volumétricas de estructura sencilla.

Proporción entre las partes de una misma forma tridimensional. Transformaciones de la forma tridimensional. Secciones y cortes. Espacio interior–espacio exterior: Sus representaciones gráficas.

23

Antes de comenzar con el encaje, un buen ejercicio recomendable es realizar un dibujo sin levantar el lápiz del papel

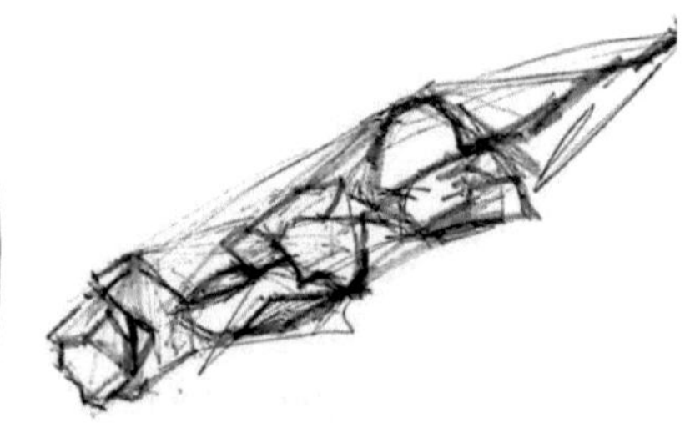

1.4.1-Encaje y proporción

Encaje: ajuste del objeto en un plano
Proporción: Relación de tamaño de un
 objeto con respecto a otros o consigo
mismo

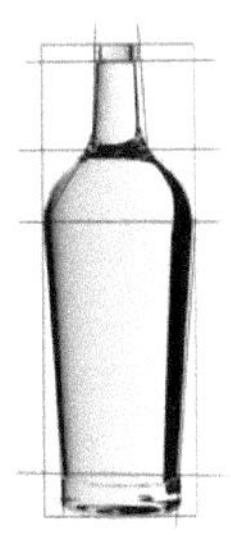

Tipos de encaje

- Líneas auxiliares o de relación
- Partes vistas y ocultas
- Líneas estructurales y Simplificación en formas simples
- Ritmos

• Tipos de encaje

1- líneas auxiliares o de relación
2- Partes vistas y ocultas
3- Líneas estructurales y
Simplificación en formas simples
4-Ritmos

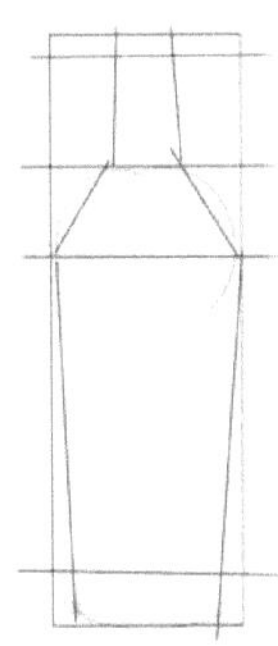

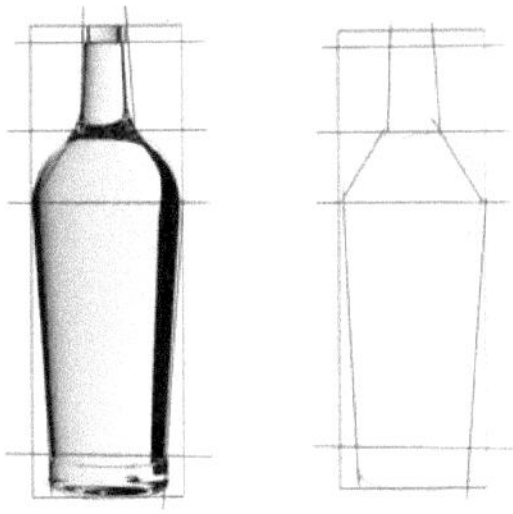

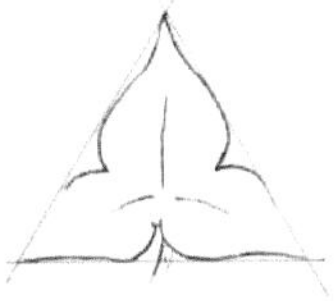

3

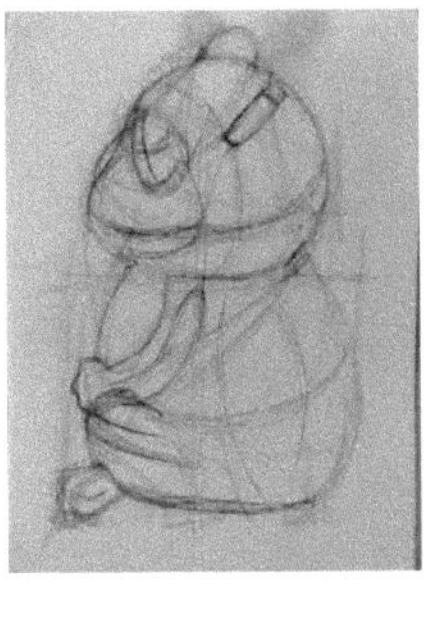

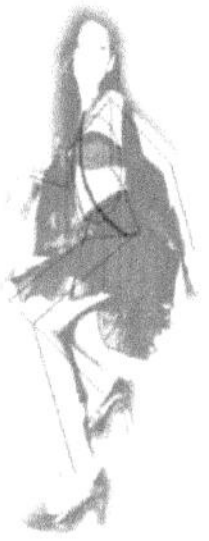

3

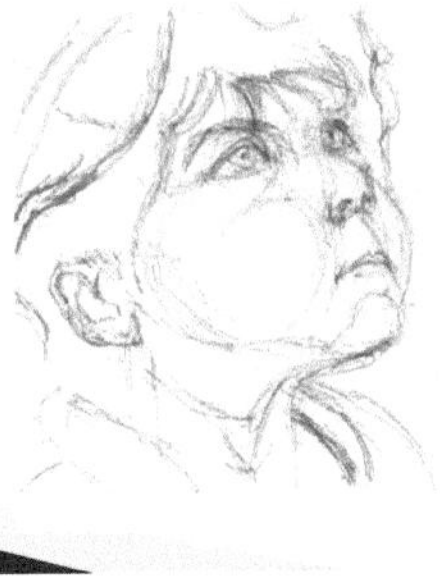

4

1

2

1- Líneas auxiliares o de relación

* Para que sirve:

-Marca puntos que se unen en el plano
(papel, lienzo, ...), y permiten relacionar
posición altura o inclinación o partes
coincidentes dentro de una línea recta.

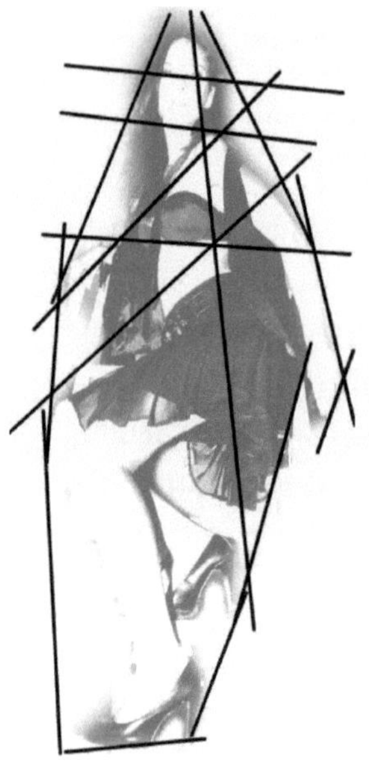

2- Dibujo analítico. Partes vistas y ocultas

> Muestran tu comprensión y conocimiento sobre el objeto y permiten crear un volumen y
espacio real, así como continuar y de manera verídica fragmentos o partes ocultas que
no se perciben o se pierden tras otros objetos.

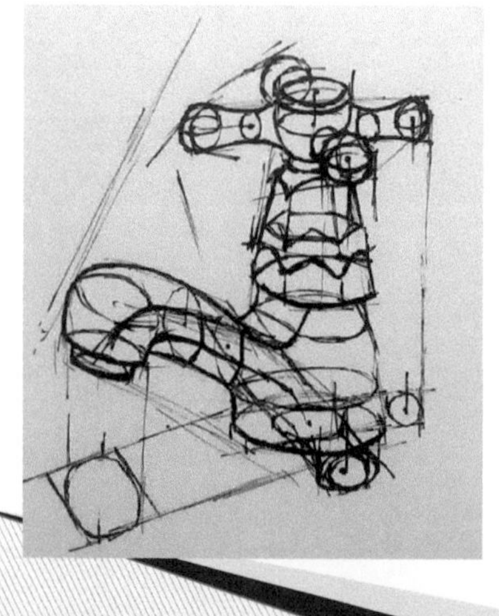

El dibujo analítico parte de un concepto
de perspectiva unido al estudio
arquitectónico.

Puede incluir:
* Mediciones
* Partes vistas y ocultas
* Planos de la figura
* Relaciones entre los planos y su
  inclinación
* Figuras geométricas que contiene la
  forma
* Perspectiva

- Estudio del objeto como si fuese un dibujo con la función de convertirse en un plano en el que basarse para realizar una maqueta.

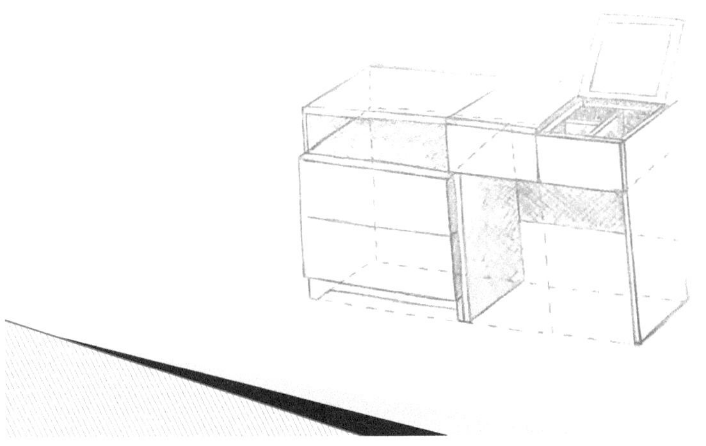

29

3- Líneas estructurales y simplificación en formas simples

- Las líneas estructurales, son la estructura del objeto, como el alambre que sostiene una estructura.

Marca de manera interna el comportamiento o movimiento del objeto

- La simplificación reduce el estudio a formas simples mostrando las articulaciones

  o la forma que las circunscribe.

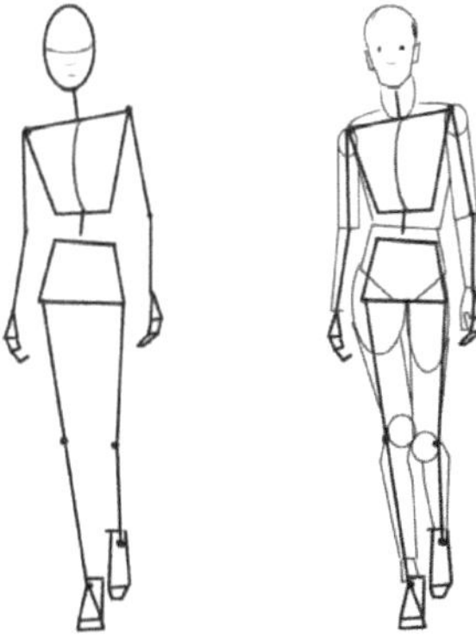

30

▸ Ejercicio previo.
Destrezas: realización de dibujo curvilíneo sin levantar el lápiz del papel

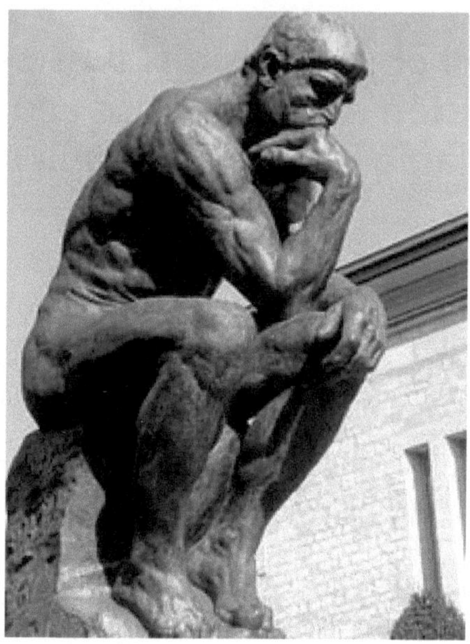

▸ Imagen:https://es.wikipedia.org/wiki/Auguste_Rodin

4-Ritmos

* Los ritmos marcan líneas externas e internas de relaciones curvas, bien fuera del objeto

por su movimiento,

dentro del mismo o

con otros objetos a

su alrededor con los

que se interrelaciona.

(No confundir con el

ritmo de la composición)

*Los ritmos son siempre curvos

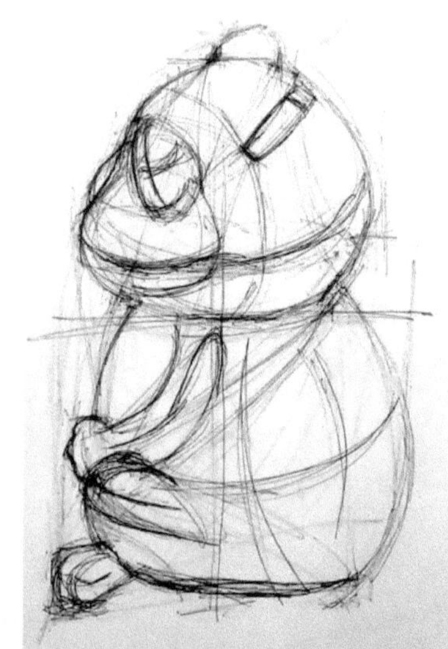

► Ejemplo de ritmo

1–Ritmo de la composición
2–Ritmo interno o externo

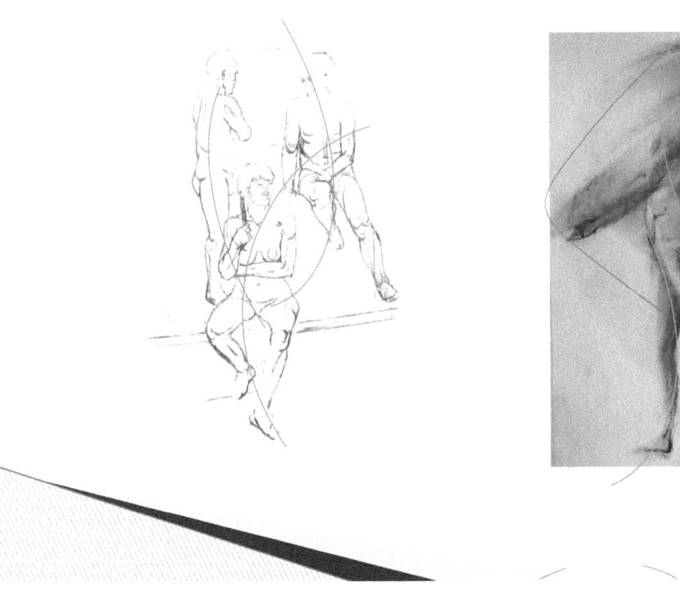

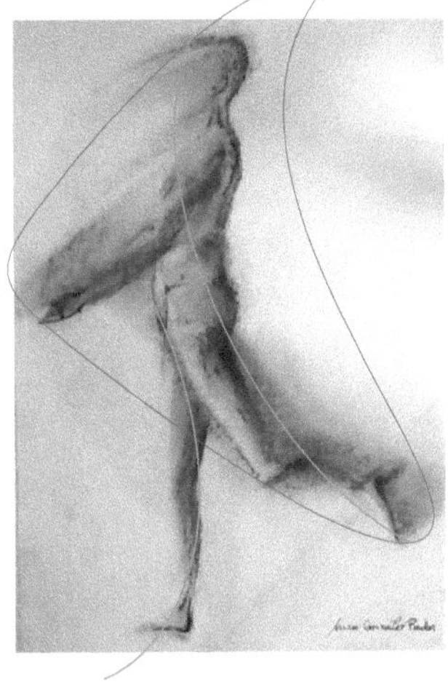

1.4.2–Encuadre. Consideraciones

► ¿Cómo se realiza un encuadre perfecto dentro de un espacio determinado?

Cuadrícula

Líneas diagonales y

búsqueda de centro

Secciones medidas

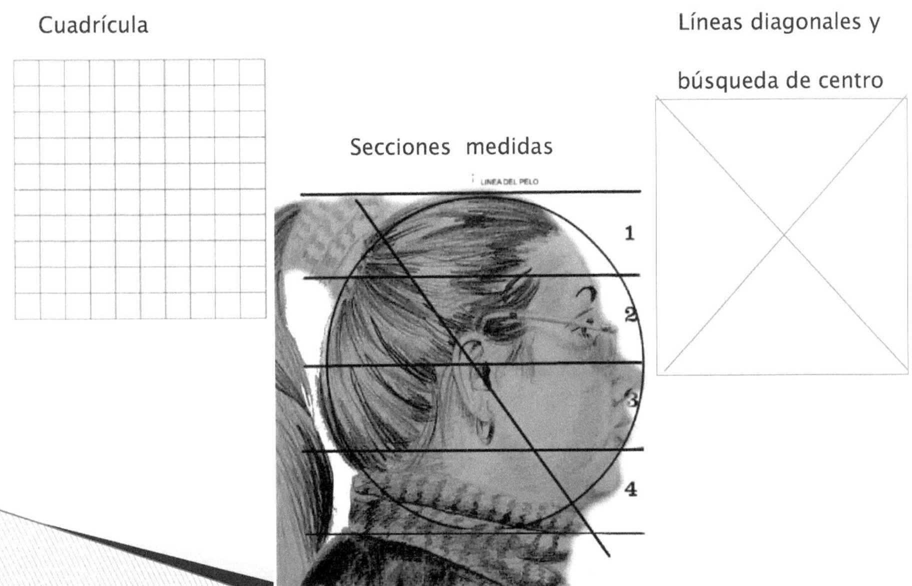

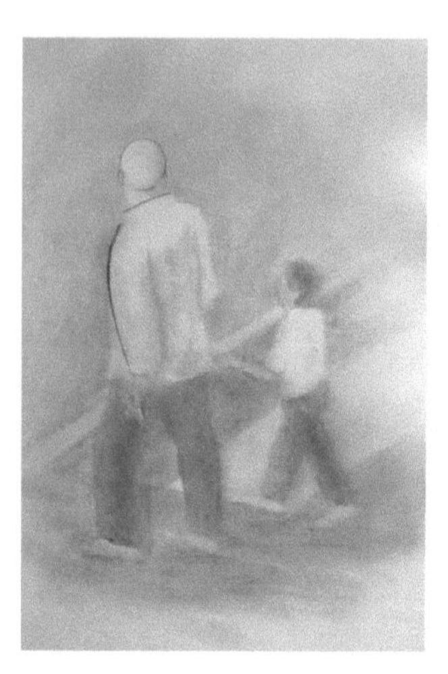

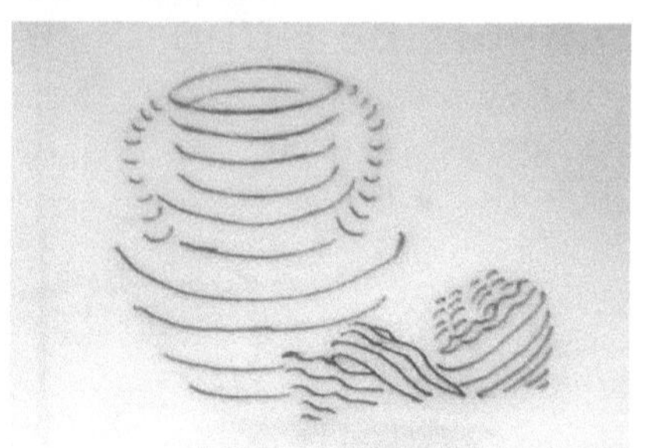

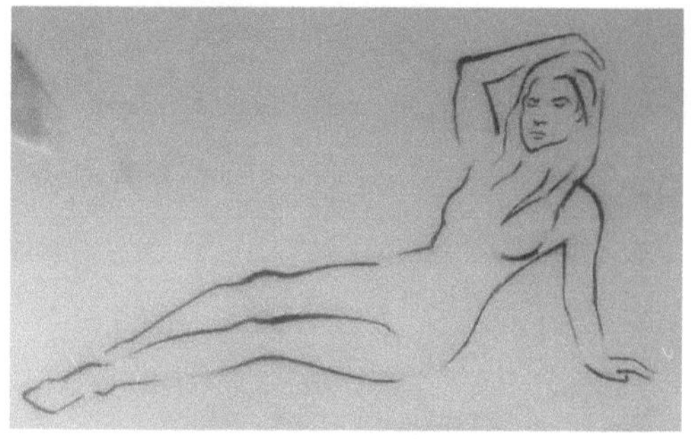

- ## Carácter de la línea: Importancia, protagonismo, cercanía, volumen.

Ejemplo práctico:

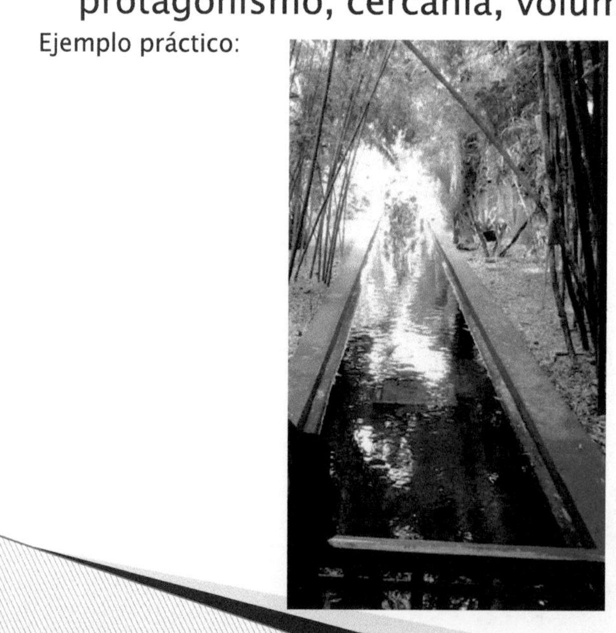

Consideración del encaje

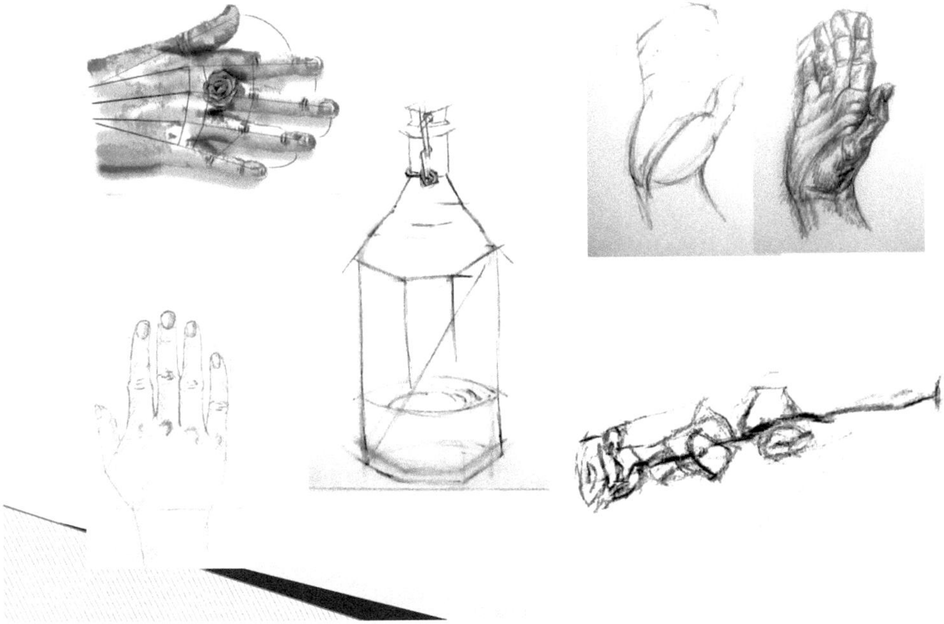

Imagen original, estudio completo y resaltado de la línea

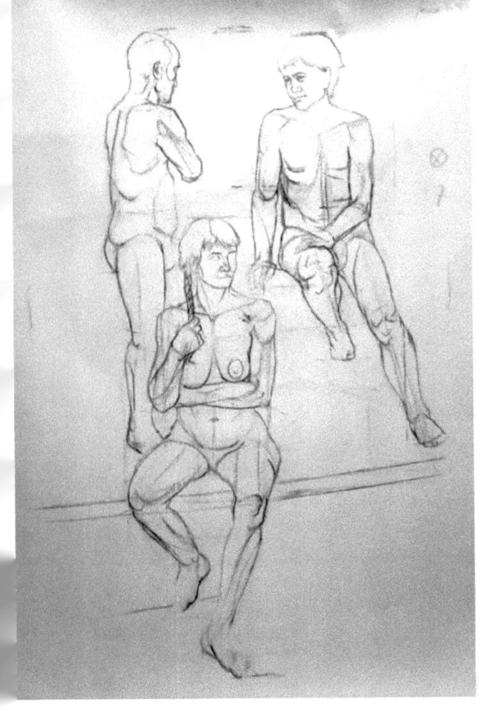

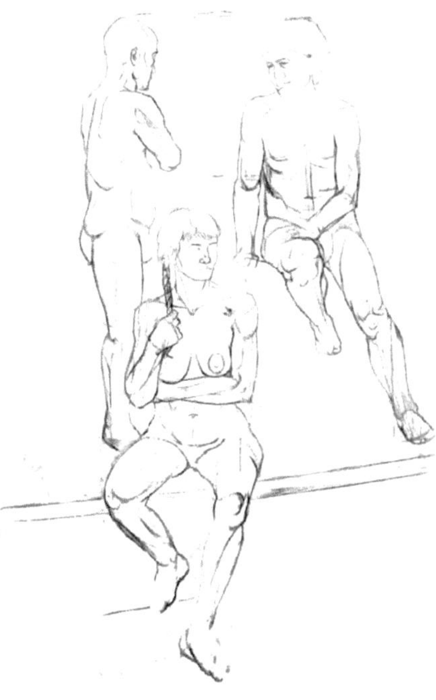

Posibilidades de pasos a seguir

Paso 1 Búsqueda central, Paso 2 Acotar la figura, Paso 3 Relaciones externas, Paso 4 Relaciones internas, Paso 5 Comprobación referencial, Paso 6 Conclusión de las formas

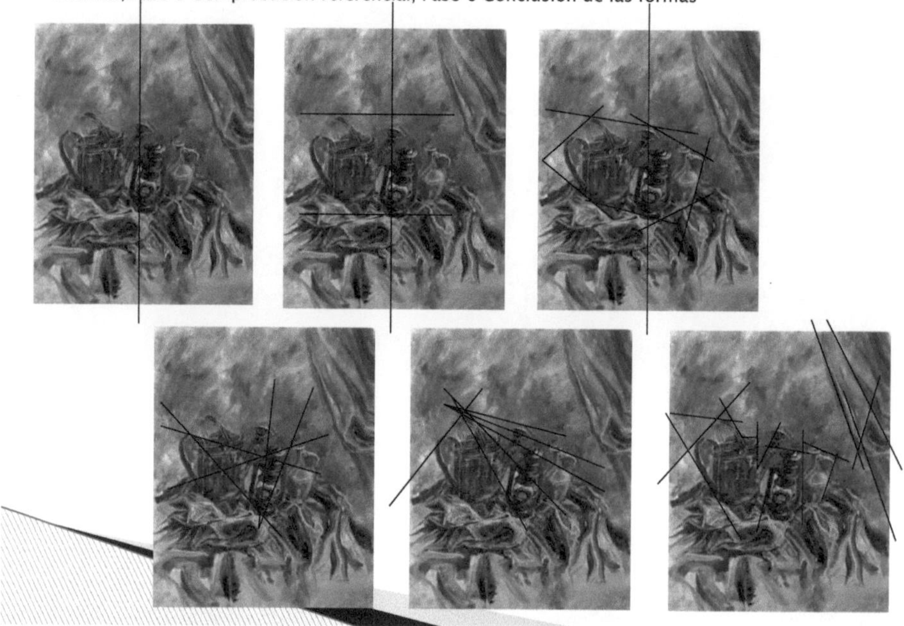

- Otra opción:

  −Búsqueda central

  −Definición de forma externa simple (posición) y ubicación de los elementos internos con mediciones

  −Referencia de posición de los elementos

  −Definición de las formas

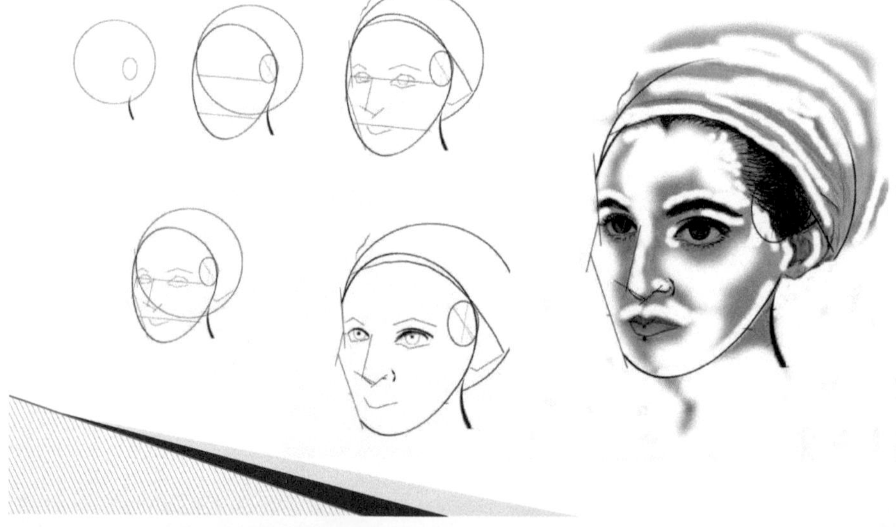

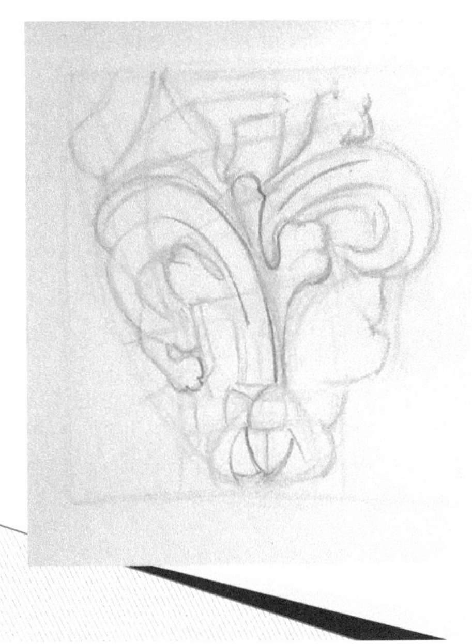

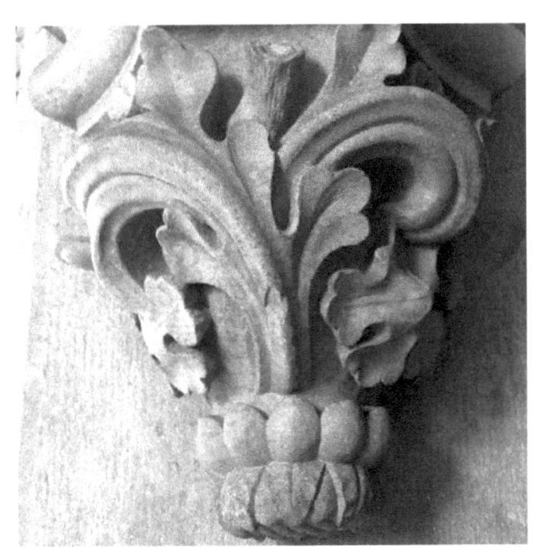

Para concluir

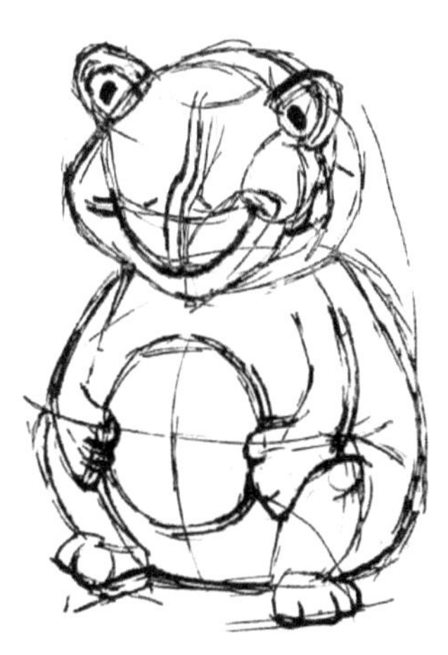

- Una vez sabidas las diferentes formas de encaje, la manera perfecta de realizar un encaje es mezclar las técnicas para obtener mejores resultados

Refuerzo:

1. Partiendo de la representación del objeto natural, árbol. Realiza un encaje a través de líneas estructurales internas, así como un dibujo analítico del mismo. (modelo de examen de acceso a la universidad)

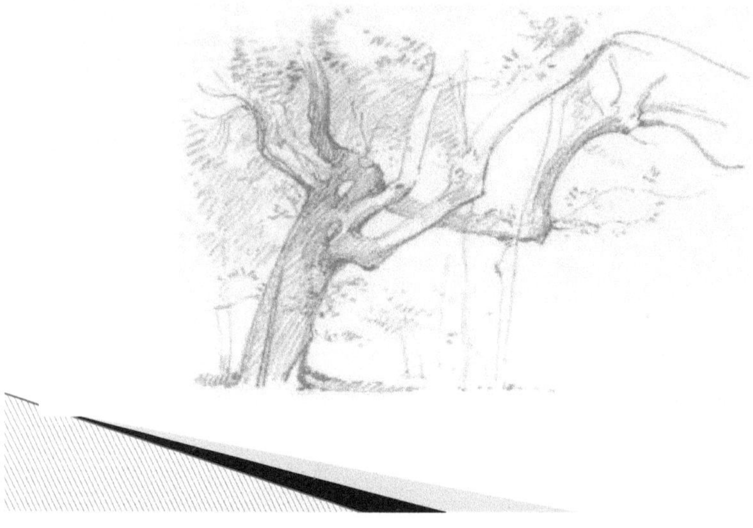

Respuesta 1: líneas estructurales

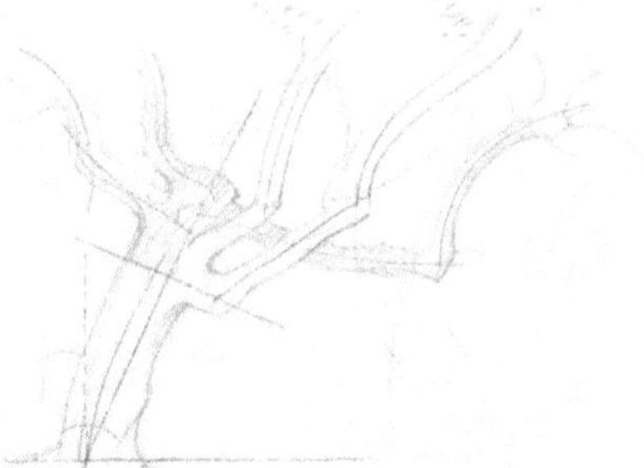

Respuesta 2: estudio de proporción

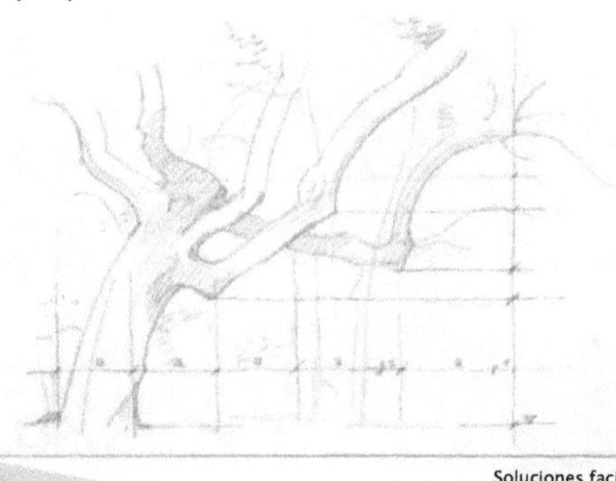

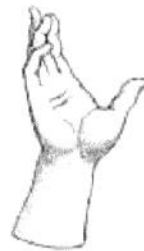

3. Tomando como modelo las propias manos, representarlas en (4) diferentes posiciones, resaltando las líneas de fuerza principales y finalmente resolviendo los detalles recurriendo al claroscuro por medio de una escala de grises.

Respuesta:

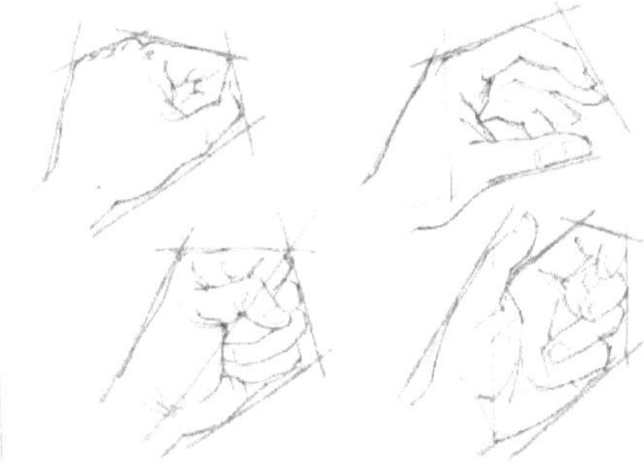

Modelo de examen de acceso a la universidad) y soluciones facilitadas por el mismo

Segundo bloque. Las formas asociadas. La composición.

2.1-Introducción a la terminología
2.2- Tipos de composición
2.3- Relación entre distintas formas en el plano. Psicología de la forma: Leyes visuales asociativas.
2.3.1-Psicología de las formas
2.3.2
2.4- Organizaciones compositivas en el plano y en el espacio. Simetrías-analogías y contrastes-tensiones y ritmos.
2.4- Equilibrio estático y dinámico. Direcciones visuales.

2.1-Introducción a la terminología

- **Composición**: distribución o disposición de todos los elementos que incluiremos en un diseño o un conjunto de objetos.

A través de la composición guiamos los ojos del espectador por la obra de arte. No se puede realizar una obra sin tener en cuenta la composición.

2.2-Tipos de composición

1-Simétrica

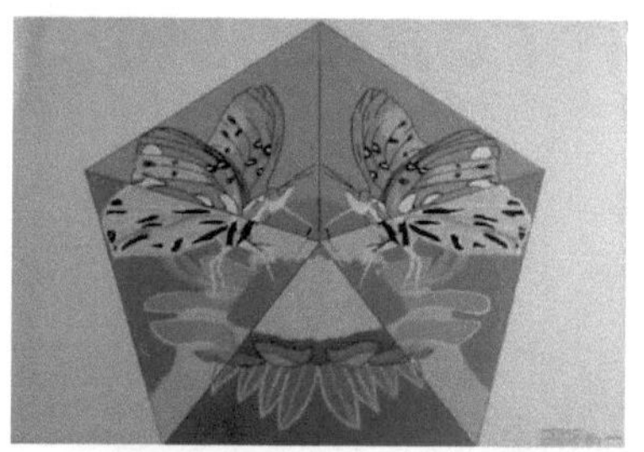

2-Asimétrica

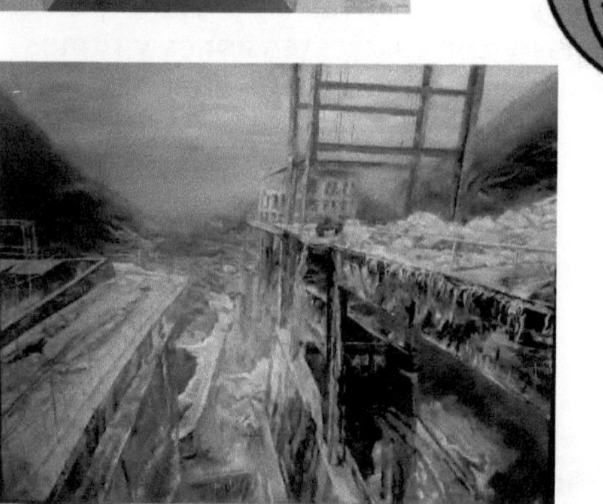

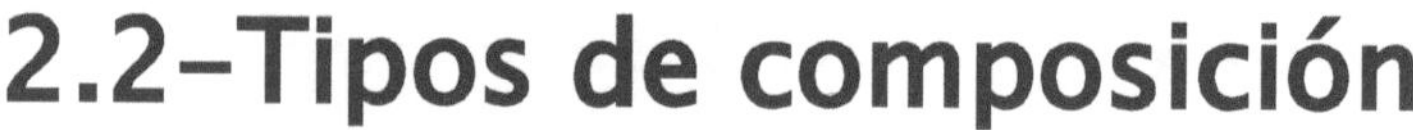

- 3-**COMPOSICIÓN RADIAL**

Selecciona un elemento de la composición, a pesar de existir otros, como el objeto principal de la composición.

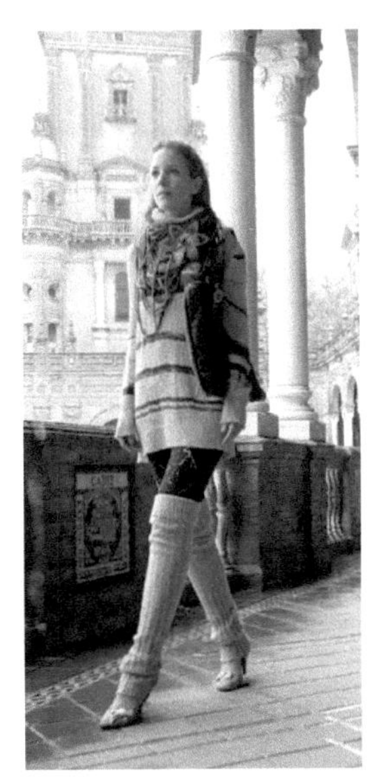

- 4-Composición estática

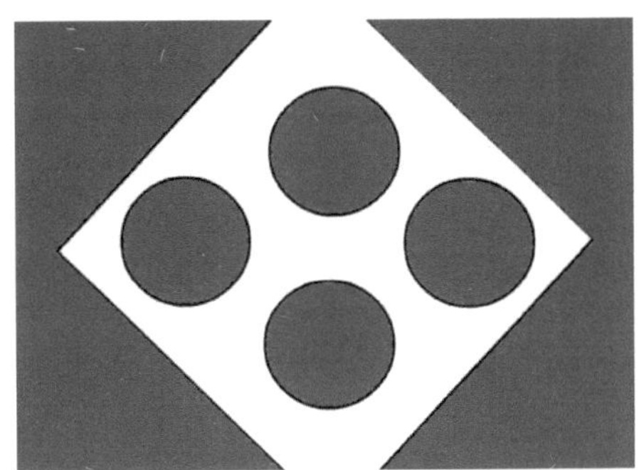

- 5-Composición dinámica

▸ 6–Composición diagonal

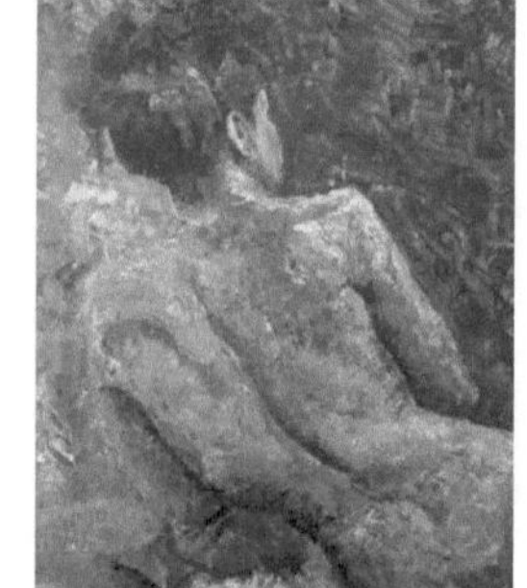

▸ 7– Composición triangular

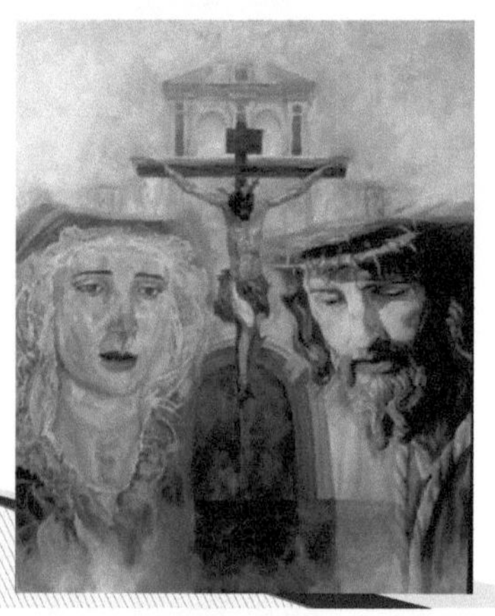

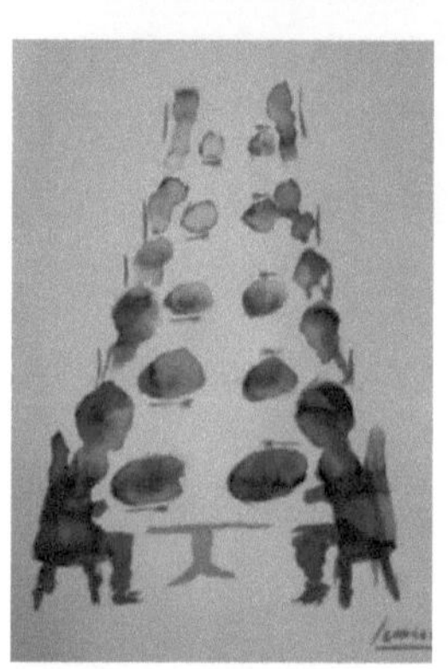

▸ 8– Composición cuadrada o aurea

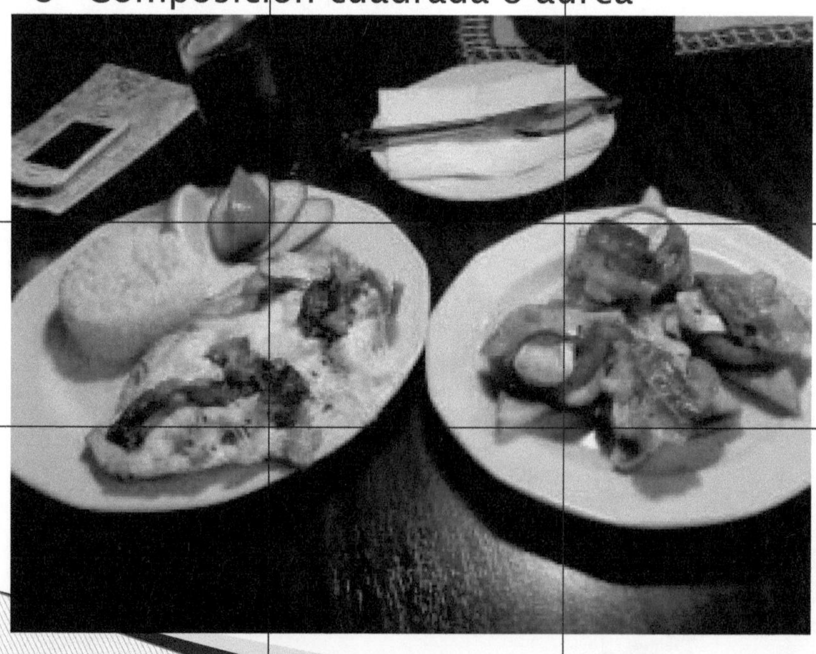

- 9- Composición en rombo

- 10- Composición en X

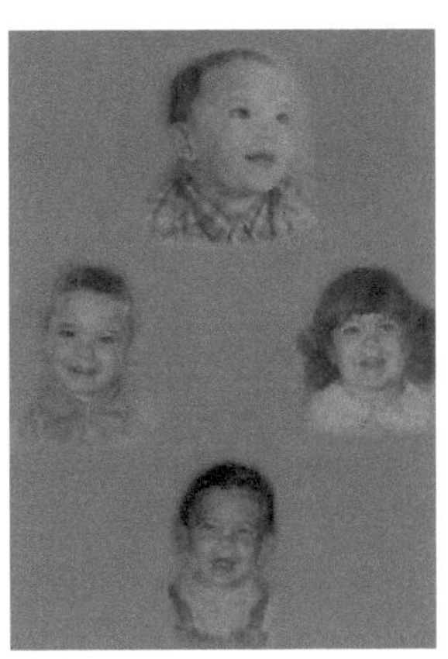

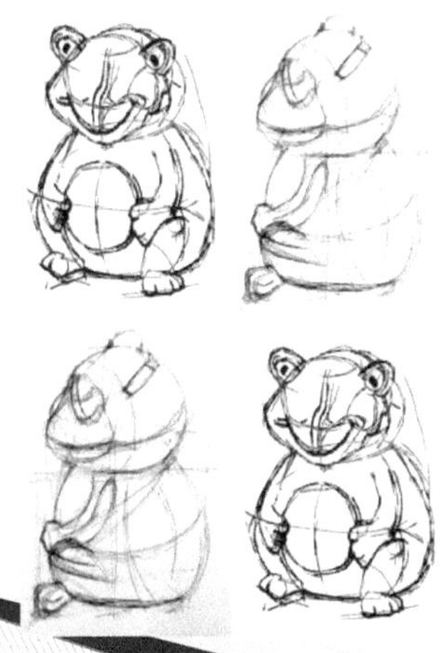

- **11-En circulo:** donde los elementos de la composición se circunscriben de forma circular
- **12-Elíptica:** en este fragmento de obra. Vemos como los personajes se perciben como en un círculo abierto

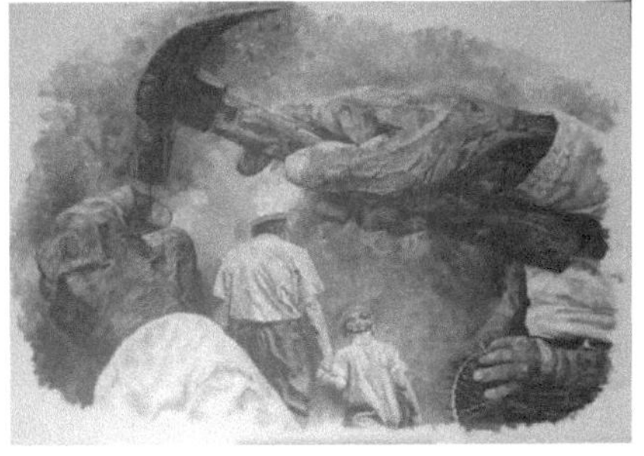

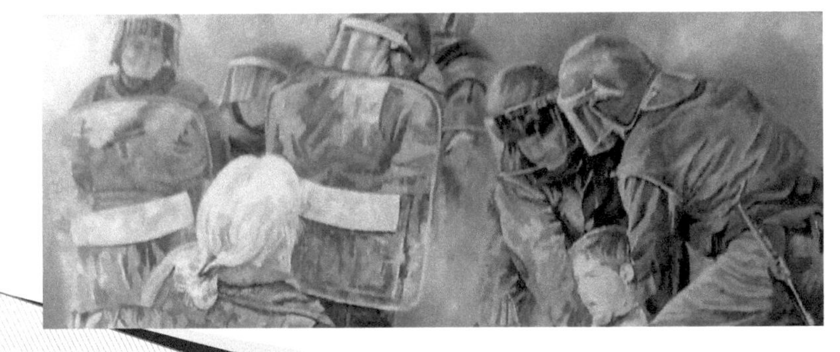

2.3– Relación de las formas en el plano.

2.3.1–Psicología de las formas

1–Conocimientos para la composición

1.1 –*Ley de la proximidad:* Cuando los elementos están próximos, tendemos a agruparlos y formar '*todos*' que separamos a su vez por la distancia.

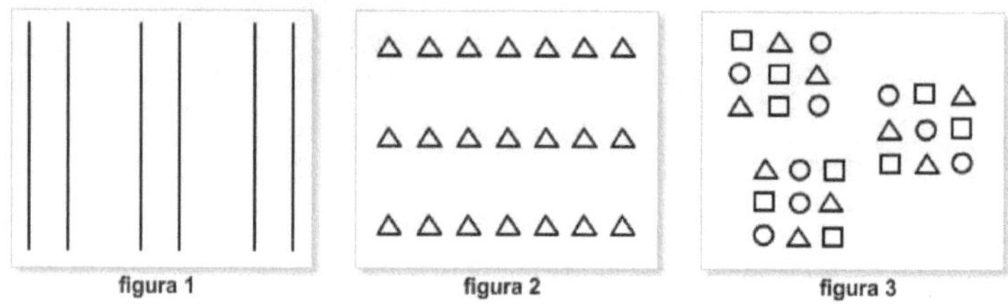

figura 1   figura 2   figura 3

En la *figura 1* vemos seis líneas paralelas, pero que a primera vista parecen tres bandas separadas por dos espacios mayores. En la *figura 2* tendemos a relacionar los triángulos de manera horizontal, y nos es muy difícil percibir una relación vertical. En la *figura 3* vemos que no influye la forma, el color, etc. sino que el único factor que logra esta agrupación es la *proximidad*; y verás que no es intuitivo establecer otra relación entre los círculos, triángulos y cuadrados, más que tres conjuntos separados.

▶ **1.2***-Ley de la semejanza o equivalencia*

También tendemos a crear grupos cuando algunos de los elementos visualizados comparten ciertas características, como forma, color, tamaño, grosor o tipo de línea, etc. Para que se pueda apreciar esto, sin ser influido por la *Ley de la proximidad,* he distribuido los elementos por igual distancia:

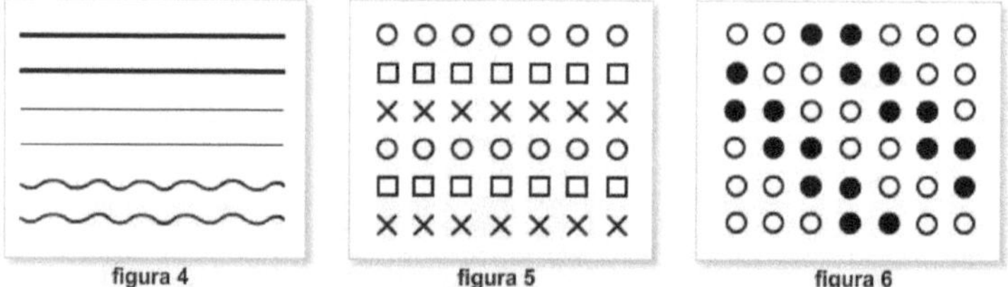

figura 4   figura 5   figura 6

En la *figura 4* se observan seis líneas separadas por espacios iguales, pero que aún así agrupamos en tres conjuntos por la semejanza de grosor y tipo de línea. En la *figura 5* lo que varían son las formas. Como son iguales en relación horizontal, tendemos a agruparlas de esa manera y nos resulta muy difícil establecer una relación vertical. En cambio, en la *figura 6* las formas son idénticas, aunque percibimos semejanza por el *tono*, por lo que vemos dos bandas negras diagonales, una blanca central, y dos esquinas blancas separadas.

Se basa en la simplificación de la forma que se haría a través de la memoria de una figura compleja, por ejemplo hacer las líneas externas de una hoja o una vasija:

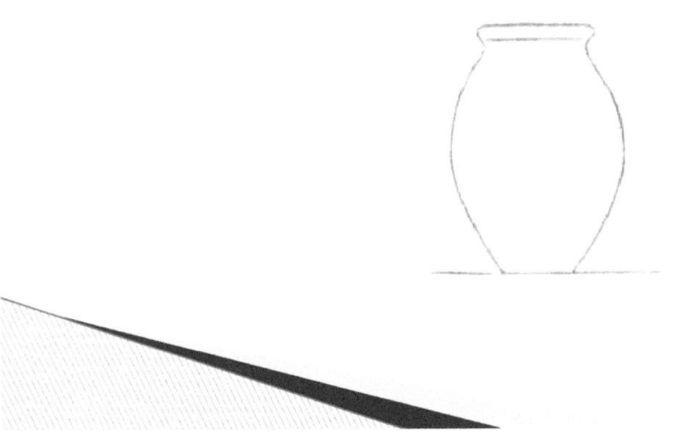

57

▶ **1.4**–*Ley de cierre:* la percepción es capaz de completar imágenes, con información que *en ellas no hay.*

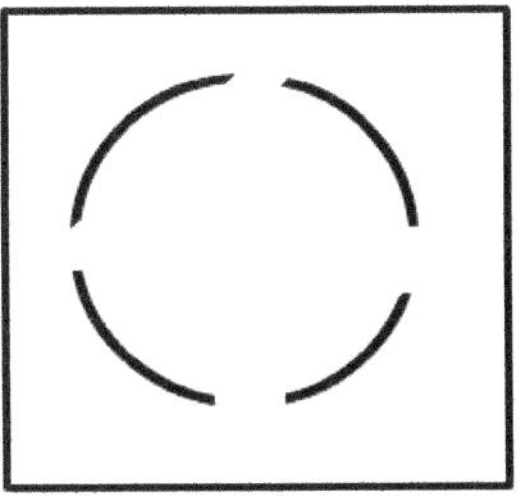
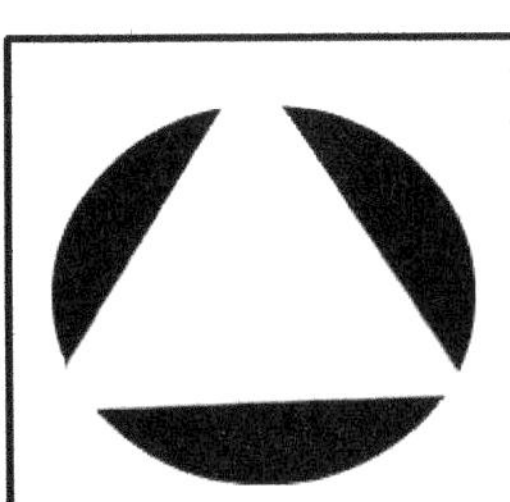
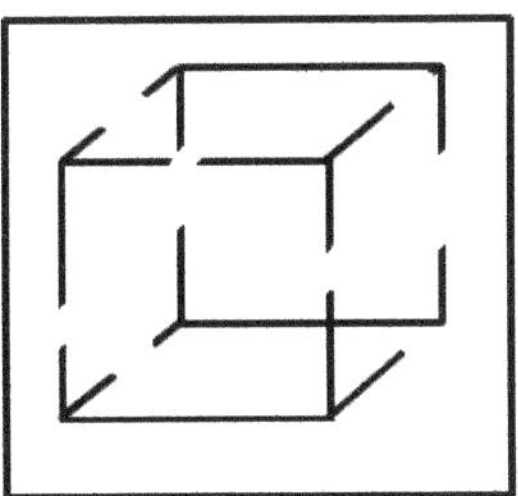

58

En la *figura 1* vemos un caso de simetría con eje vertical, que es favorecida por la Prägnanz, es decir que es muchísimo más fácil de recordar que una figura no simétrica. En la*figura 2*, en virtud de la ley de cierre, es intuitivo percibir tres botellas separadas. En cambio en la *figura 3*, resulta fácil visualizar tres botellas dadas vueltas. Pero mirando con atención habrás descubierto que la *forma* (la línea curva) que se repite en ambas imágenes es exactamente la misma (por eso también puedes ver en la fig. 2 cuatro botellas dadas vuelta, y en la fig. 3 al revés)

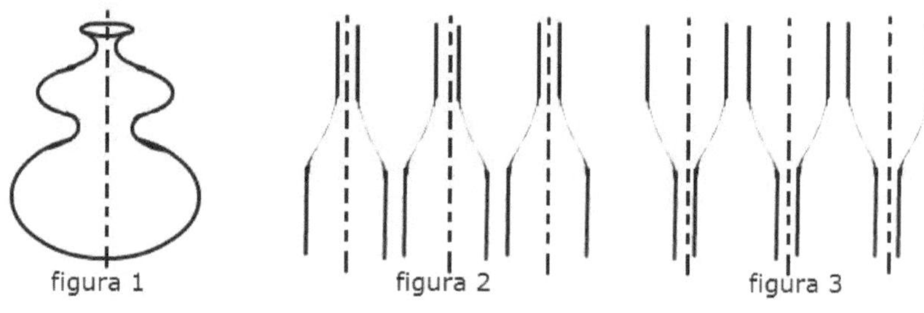

► 1.6—Ley de la continuidad : si nos fijamos en las personas que podemos ver al fondo, quizás no se pueda apreciar perfectamente las figuras, pero a través de esta ley, cuando un elemento se repite aunque las formas alejadas sean casi indescifrables, podemos saber lo que son, gracias a que los elementos cercanos y nítidos. A pesar de la lejanía que hace desvanecer gradualmente la nitidez.

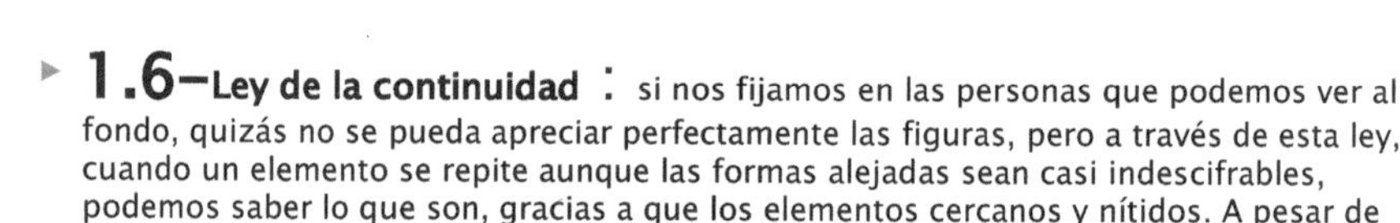

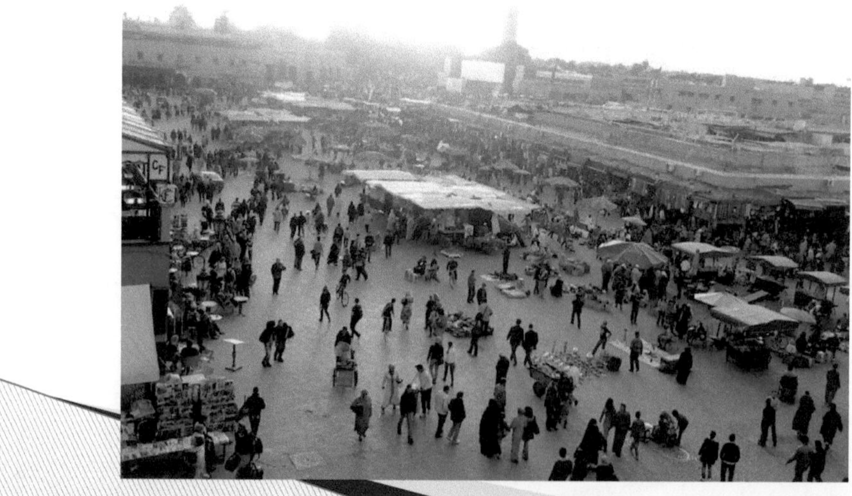

Ley de la experiencia: vivir en ambientes angulares –como tu casa–, percibirá que se trata de una habitación, cuyas paredes y techo están insinuados por el rayón central, por la **ley de cierre**, y por la ventana del lado izquierdo. Pero este dibujo mostrado a personas residentes en África, la mayor parte creería que la familia se encuentra bajo un árbol, y que la "ventana", es una caja que reposa sobre la cabeza de la mujer.

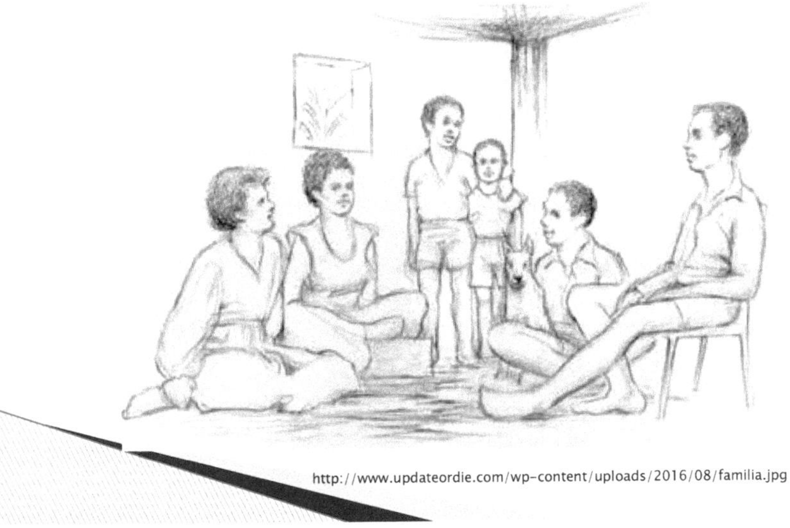

http://www.updateordie.com/wp-content/uploads/2016/08/familia.jpg

18–Ley de la figura–fondo

Consideramos que los fondos se extienden por detrás de las figuras, y que suelen ser difusos y menos llamativos; mientras que las figuras son cuerpos definidos, mejor estructurados, y que prevalecen sobre el fondo. En el mundo del Arte, jugar con estos dos conceptos, haciendo que ambos tengan simultáneamente las propiedades nombradas

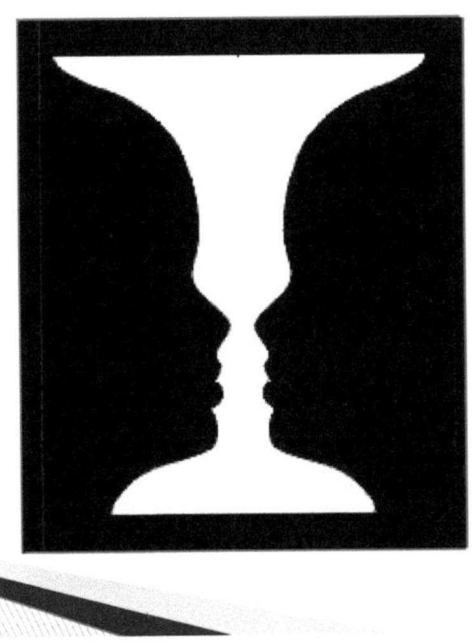

> ## 2.4- Organizaciones compositivas en el plano y en el espacio. Simetrías-analogías y contrastes-tensiones y ritmos.

> Los elementos que se sitúan en la parte derecha, poseen mayor peso visual, y nos transmiten una sensación de avance. En cambio los que se encuentran en la parte izquierda, nos proporcionan una sensación de ligereza.

Ligero sobre elemento de peso
composición piramidal

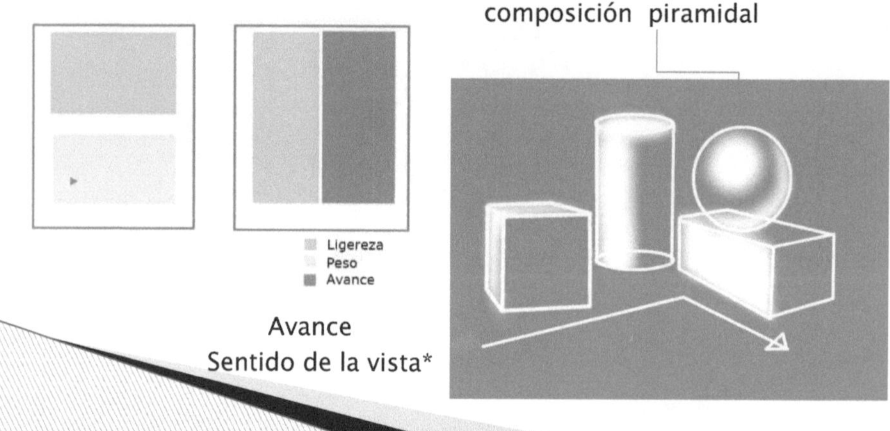

Avance
Sentido de la vista*

2.5-Composición: Las proporciones, la forma, el tamaño

> Forma. Campo de visión: formas angulares y alargadas amplían el campo de visión, mientras que formas angulares cortas, nos transmiten la sensación de timidez y humildad.

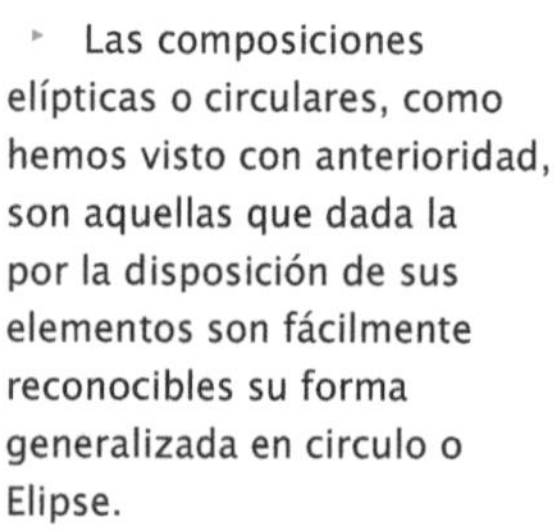

> Las composiciones elípticas o circulares, como hemos visto con anterioridad, son aquellas que dada la por la disposición de sus elementos son fácilmente reconocibles su forma generalizada en circulo o Elipse.

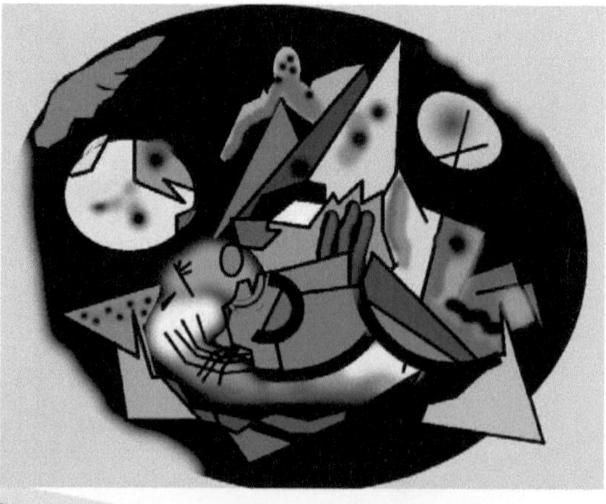

- <u>Proporción</u>: Las formas grandes, anchas o altas, se perciben cómo, más fuertes, pero las más pequeñas, finas o cortas, simbolizan la debilidad y delicadeza.
- <u>Tamaño</u>: también transmite peso o protagonismo

- Considera:
- Lectura dcha-izda (ligereza)
- Tamaño
- Posición
- Proporción

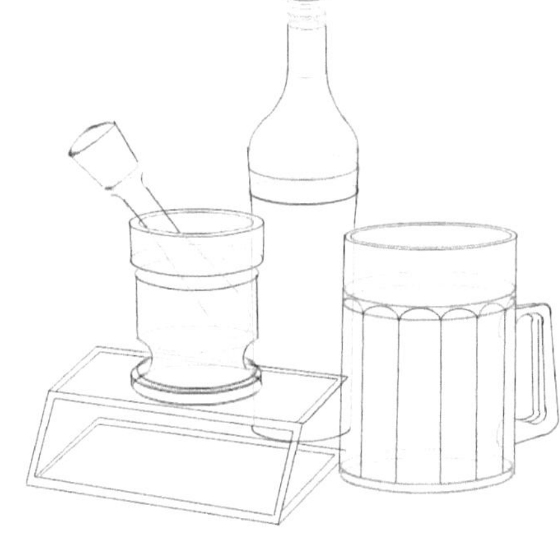

Considera :
Altura, tamaño, posición y
 proporción

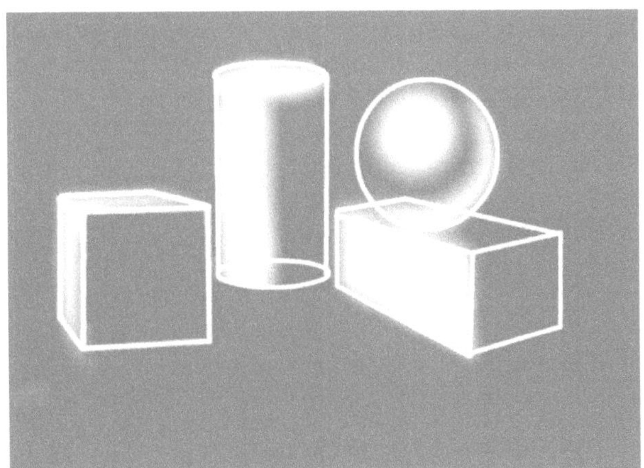

Ejercicio: distribuye estos objetos en otra composición y di porqué

2.5.1–Unidad y variedad o contraste:

La composición debe ser variada pero supeditada a la unidad :

Unidad:

1. Tema
2. líneas
3. los volúmenes
4. los espacios
5. la proporción
6. los valores tonales
7. los colores
8. La línea y la forma

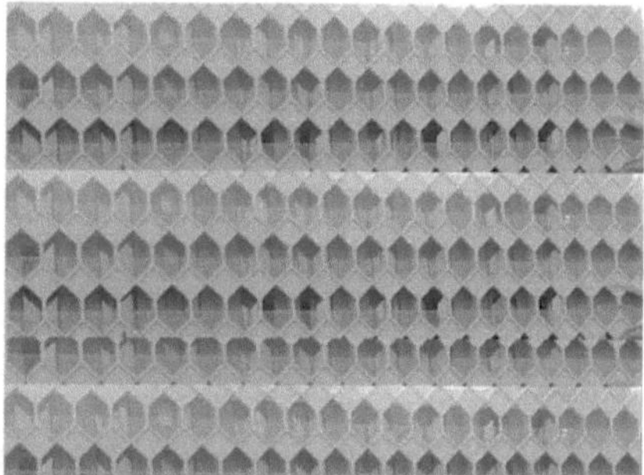

Composición monótona

Por la variedad se anula la monotonía de lo excesivamente unificado

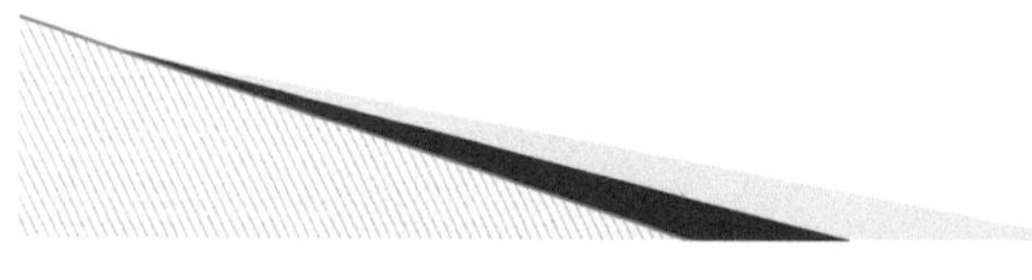

▸ 2.5.2–Destaque y punto de interés principal

▸ –Ley del balance

El plano que queremos que constituya el centro de atención lo situamos en el centro del soporte y, los otros a uno y otro lado, con igualdad de distancias con respecto al eje. Esta estructuración del espacio resulta equilibrada, pero es excesivamente rígida.

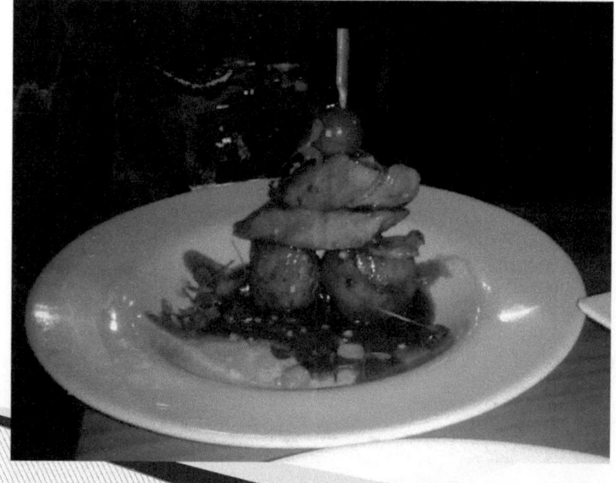

▸ -Regla de los tercios:

el plano que del centro de interés lo desplazamos del eje de simetría. La regla de los tercios **divide a una imagen en nueve partes iguales**.

- ▸ Se suelen utilizar los **cuatro puntos de intersección** para ubicar en ellos el centro de atención.
- ▸ El punto de atención o el sujeto principal se coloca en cualquiera de los cuatro puntos y si existiese un segundo punto de atención, éste se ubicaría al lado opuesto diagonalmente.
- ▸ con paisajes se dice que hay que ubicar el horizonte en la línea inferior, a 1/3 para darle prioridad al cielo o la línea horizontal superior, a 2/3 para darle prioridad a la tierra.

Línea de horizonte
para priorizar
el cielo

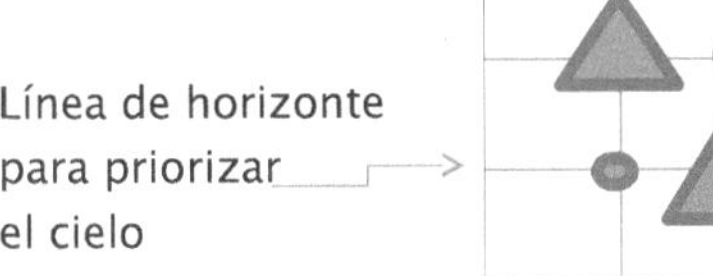

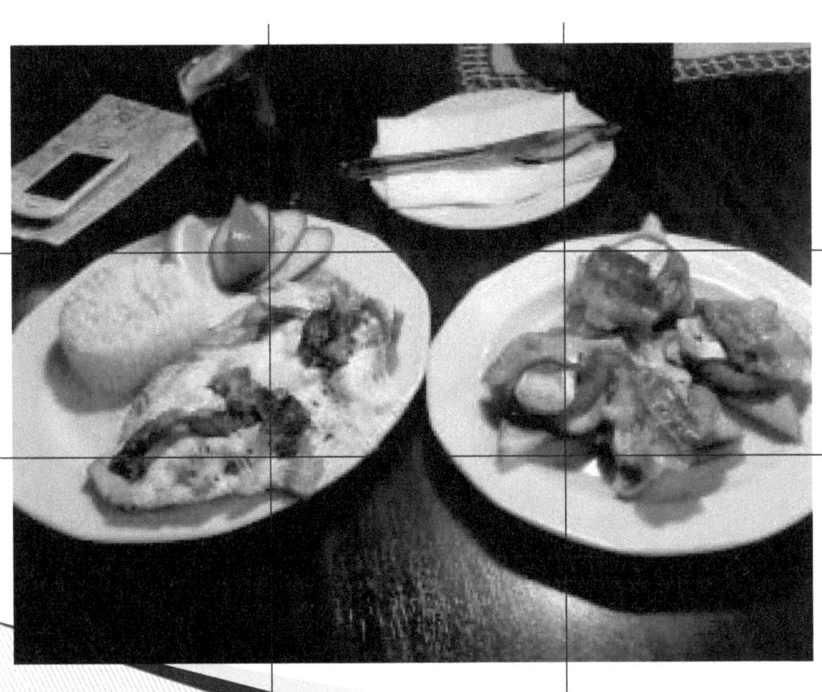

► –<u>Ritmo</u>:

- ► Sucesión de volúmenes y tonos mediante la combinación de acentos y pausas.

- ► No se trata de una simple repetición, sino de **alternancia y progresión** de formas, líneas o colores. Esto provoca movimiento a la obra. Movimiento particular que en los ojos de espectador lo mantiene atento a lo que ocurre en el dibujo.

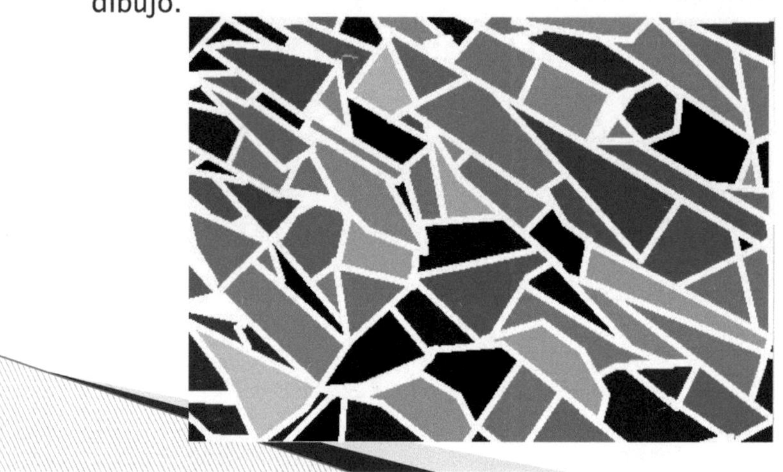

Ejercicio práctico de repaso

Objeto del natural:

1- Encaje y proporción.
2- Estudio analítico dentro del encaje. Partes
vistas y ocultas

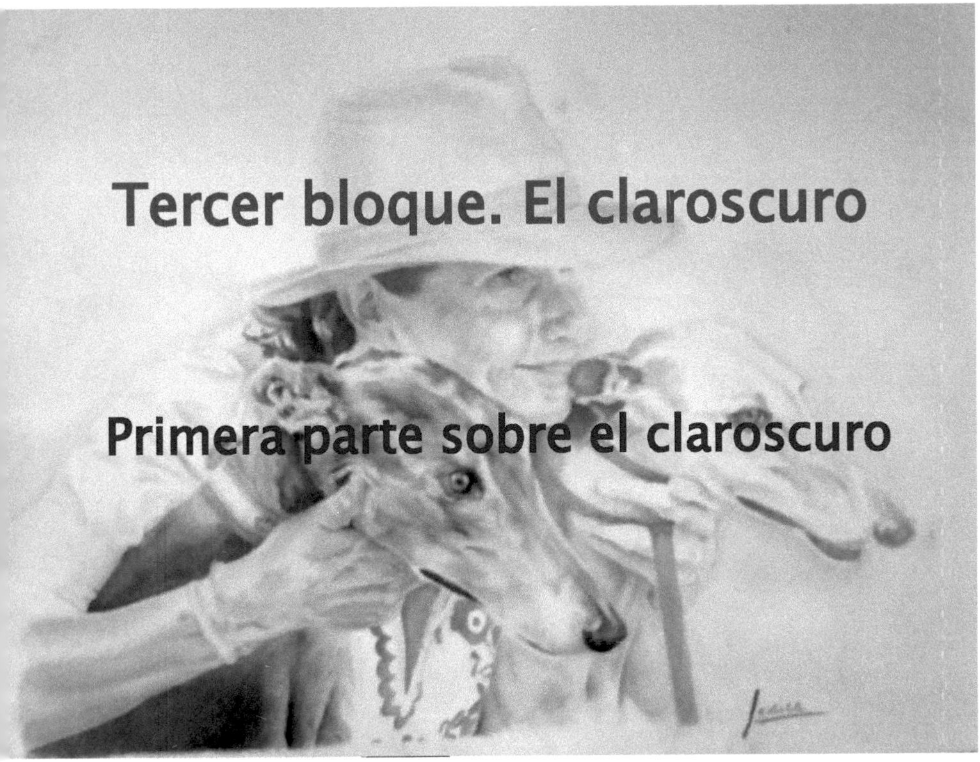

3.1–Estudio de la luz en geometría

Focos de luz: explicación gráfica del proceso de realización.

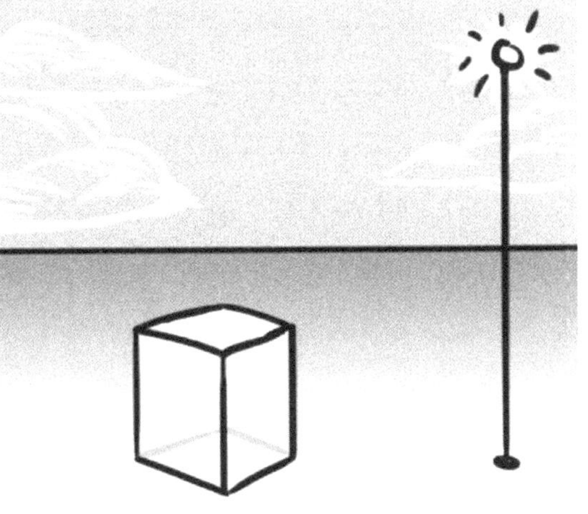

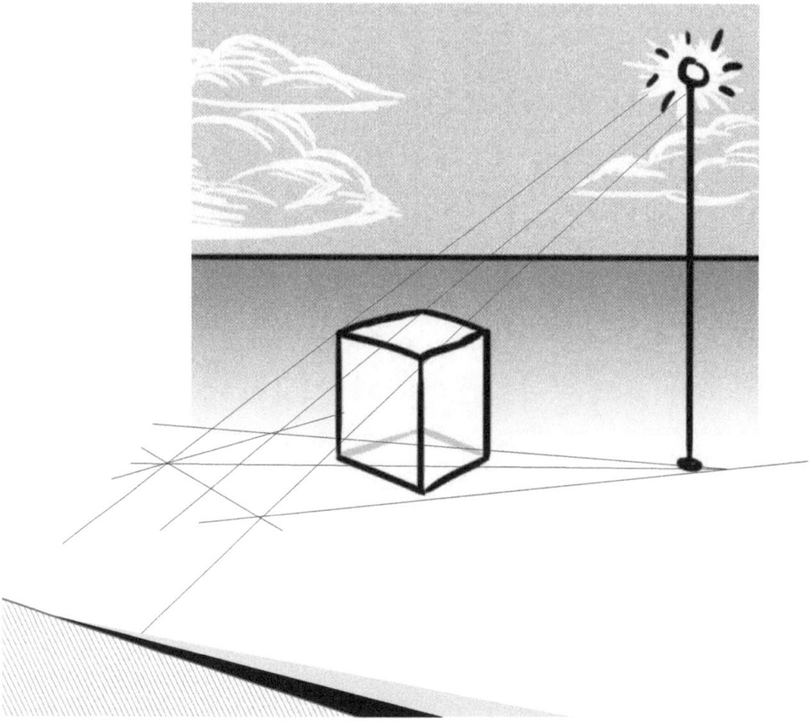

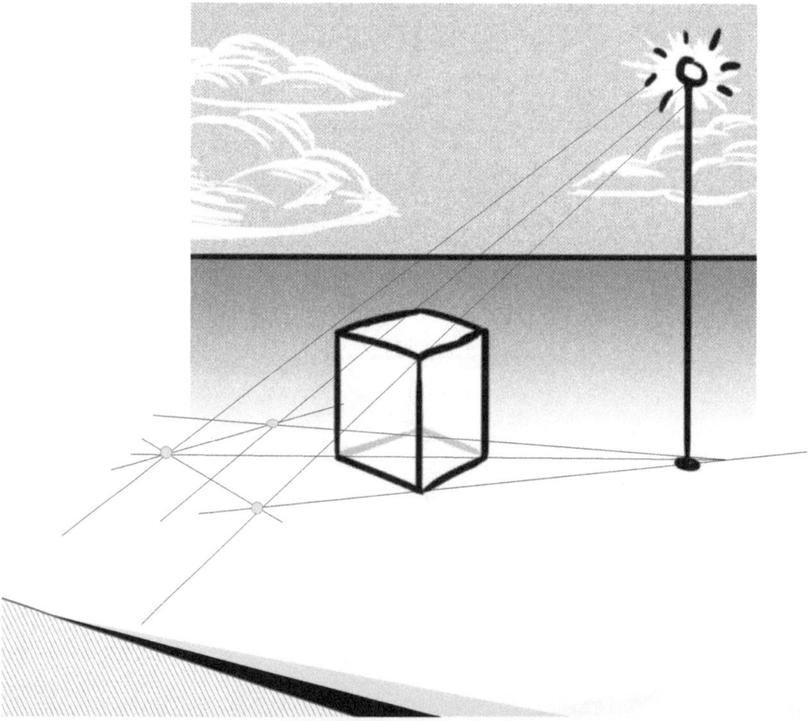

3.2- Terminología

-Claroscuro:

Entendemos por claroscuro la aplicación de luces y sombras para crear volúmenes. Así también para mostrar el comportamiento de la luz en un cuerpo u objeto.

El término chiaroscuro del que procede la palabra claroscuro, procede de la terminología italiana con usos en principio pictóricos, aunque el término italiano chiaroscuro, es empleado más específicamente para una técnica de grabado en xilografía, que por medio de planchas complementarias que da colores a las imágenes.

En dibujo, como veremos en la siguiente página, sus maneras de aplicación las hemos dividido en dos formas diferentes de aplicación; partiendo de la oscuridad para llegar a los claros, extracción o adhesión, partiendo del blanco o un tono medio (dado por el soporte) hasta llegar a las zonas mas oscuras.

3.3-Claroscuro: aplicación y tipos

▸ Como realizar el claroscuro:

-Por adhesión

-Por extracción

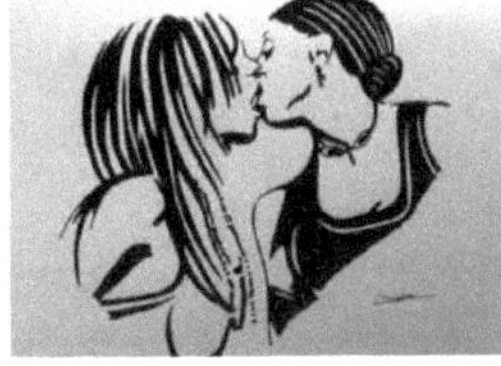

1

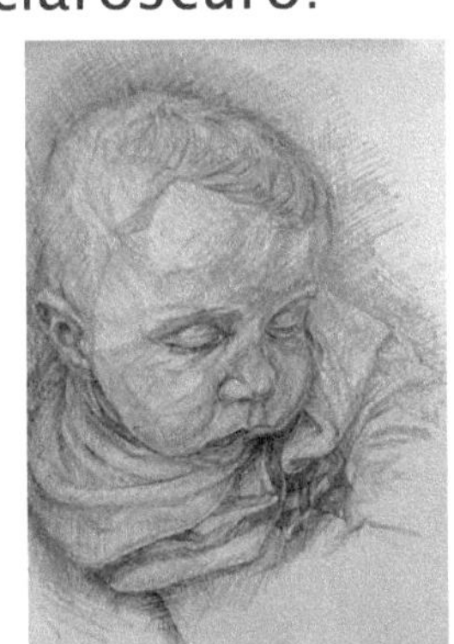

2

▸ Tipos:

1-Claroscuro lineal

2-Claroscuro entramado

-Regular
-Irregular
3-Puntillismo

4-Claroscuro clásico

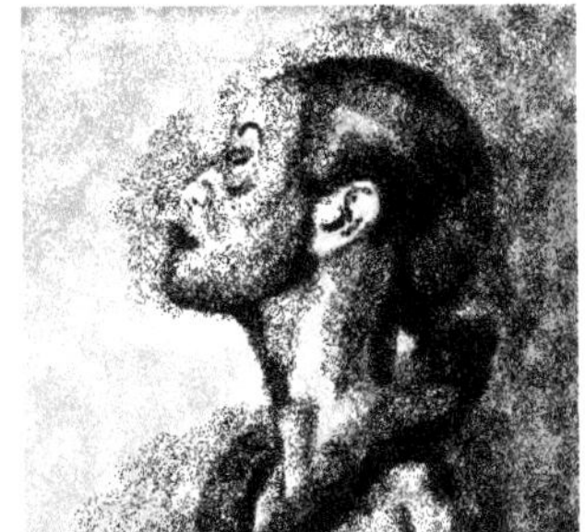

3

1 Ejemplo de claroscuro lineal
2 Ejemplo trama regular
3 Ejemplo de trama irregular

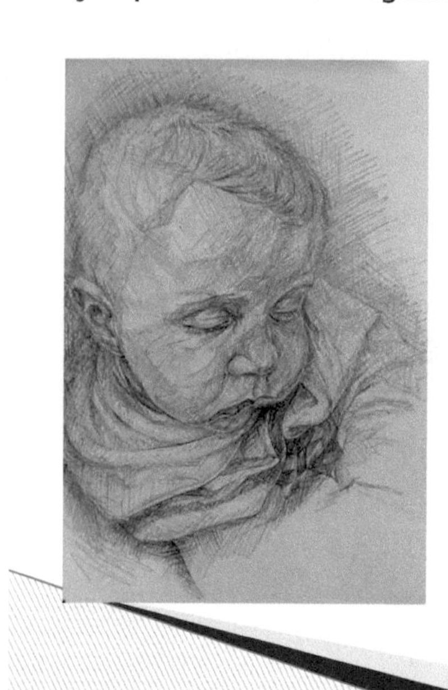

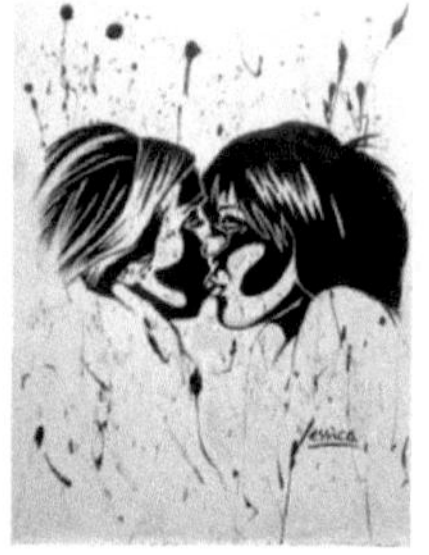

1

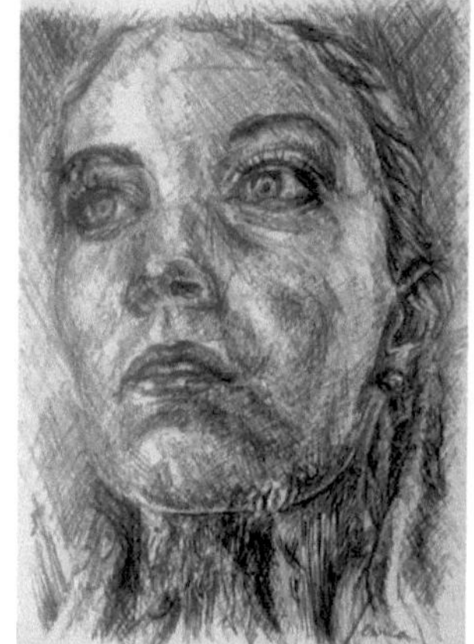

2

3

► Trazos de claroscuro por tramas:

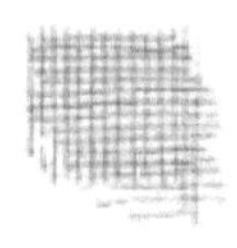

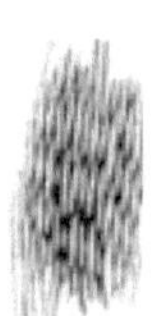

Ejemplo trama irregular

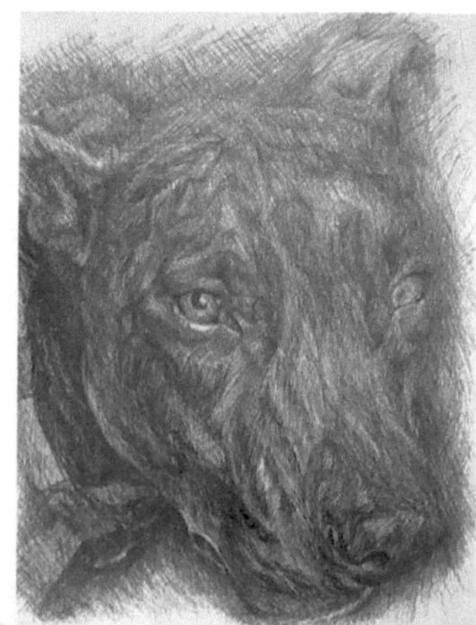

3.4–La naturaleza de la luz

Importancia del claroscuro para la expresión del volumen.

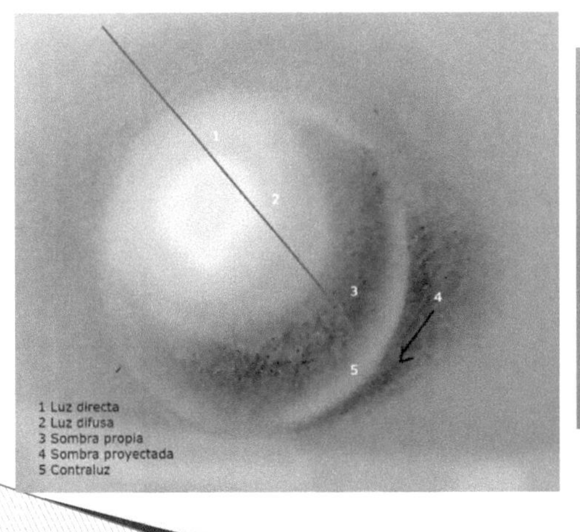

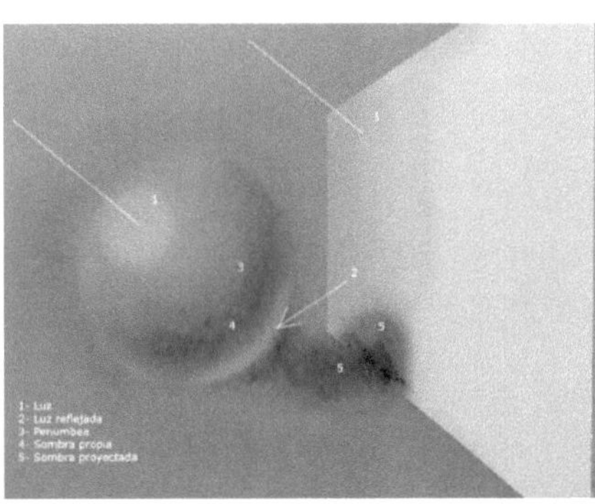

3.5–La mancha como elemento configurador de la forma

- Práctica, pudiéndose difuminar con los dedos, difumino o trapo

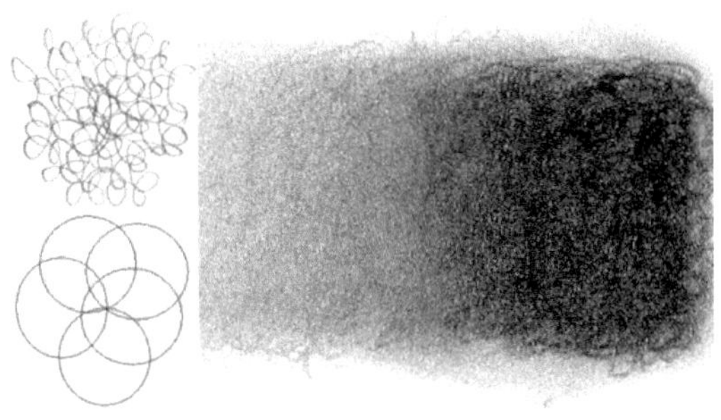

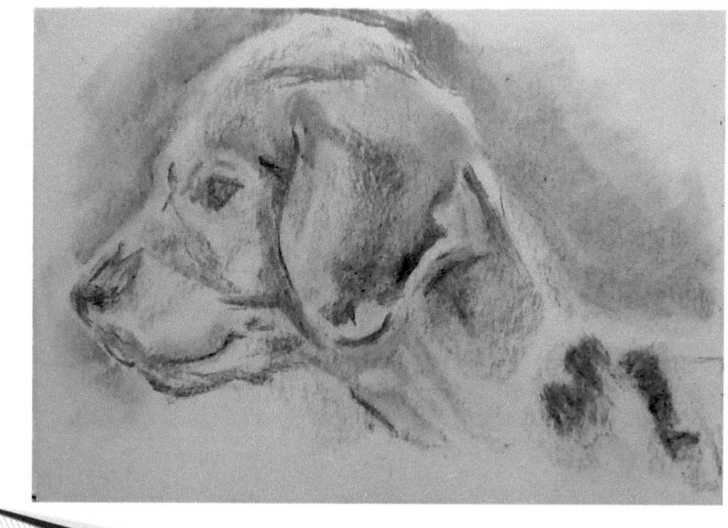

- El concepto de mancha determina la valoración tonal sin detenerse en los detalles.

- Puede realizarse a través de manchas de carboncillo o grafito o a través del rayado

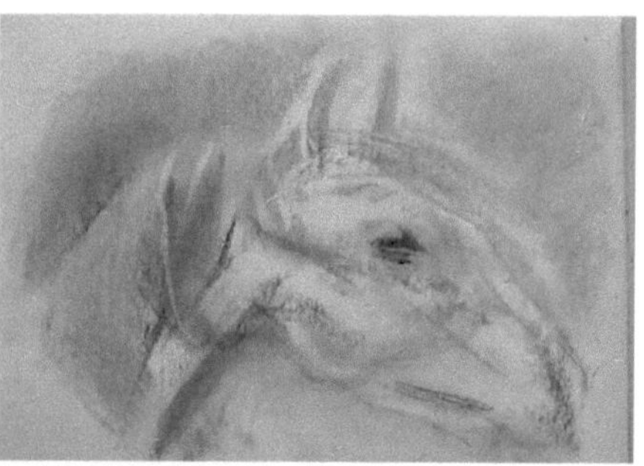

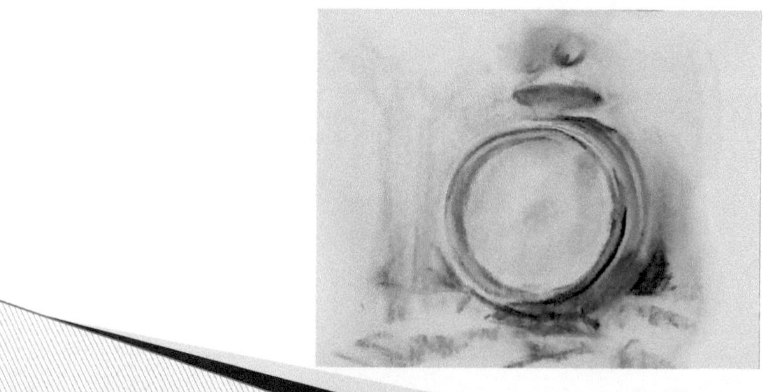

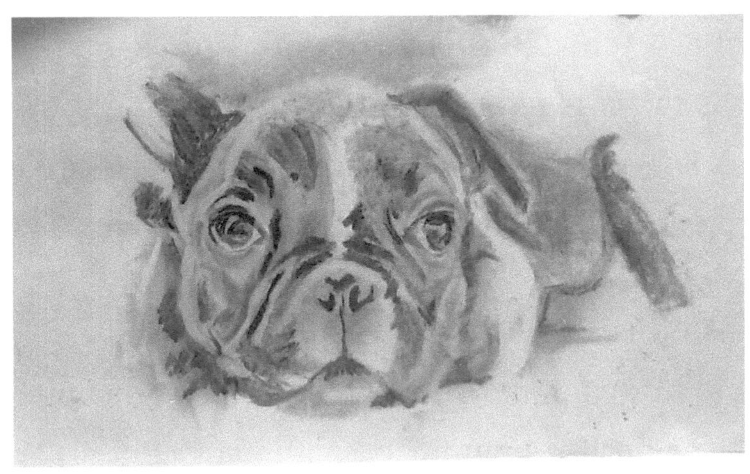

3.6– Importancia del claroscuro para la expresión del volumen

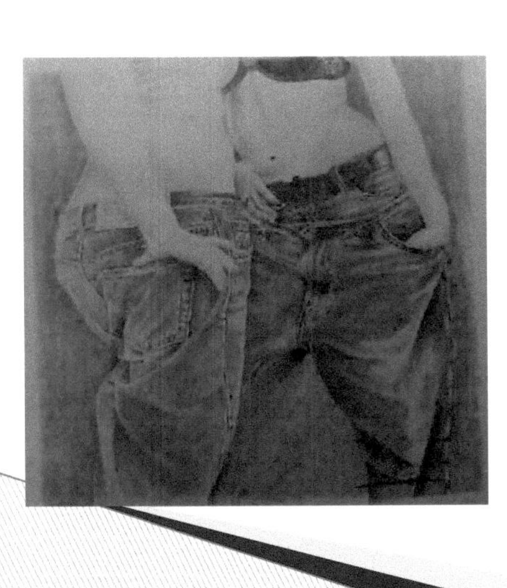

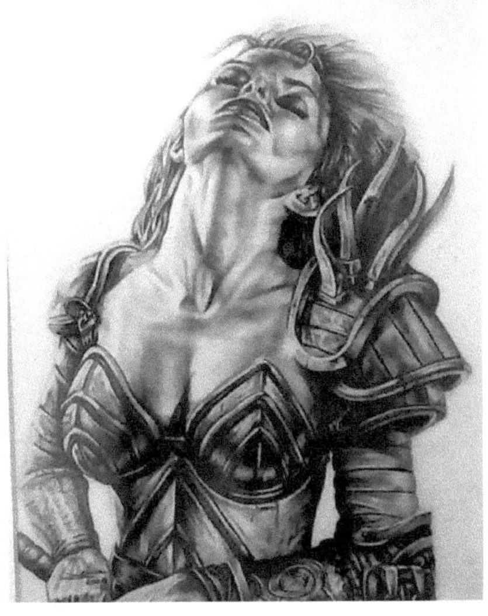

3.6.1–Volumetría. Claroscuro clásico

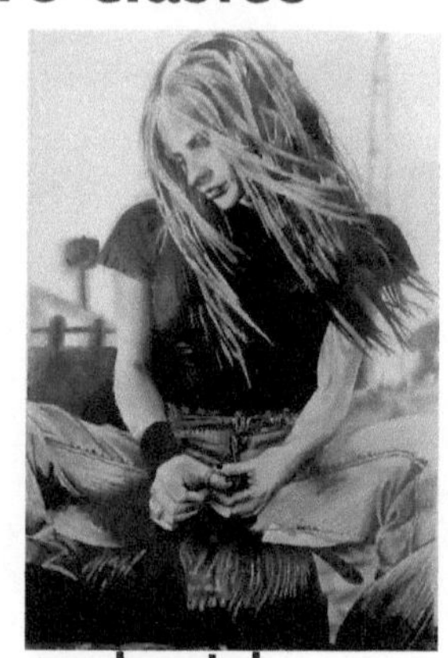

- Detalles a tener en cuenta:

  1– Las técnicas pueden mezclarse

  2– La linea que delimita las formas

  se consigue a través del cambio de

  tono en el dibujo

  3– Las luces absolutas se reservan

  para el blanco puro. **No existe el blanco en la piel**

- **Técnicas posibles: grafitos, sanguina, sepia, aguadas de tinta, rotring,**

Ejemplos

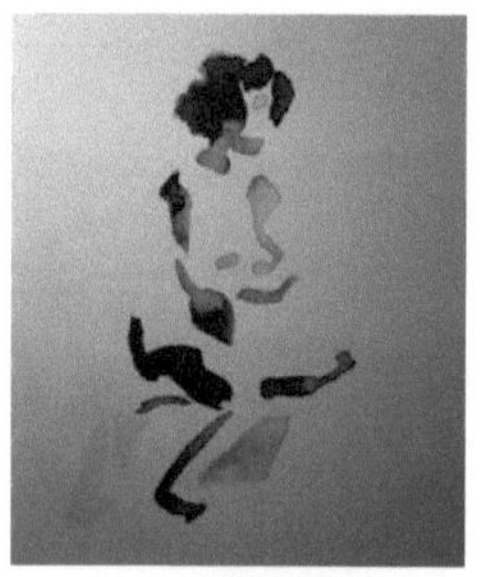

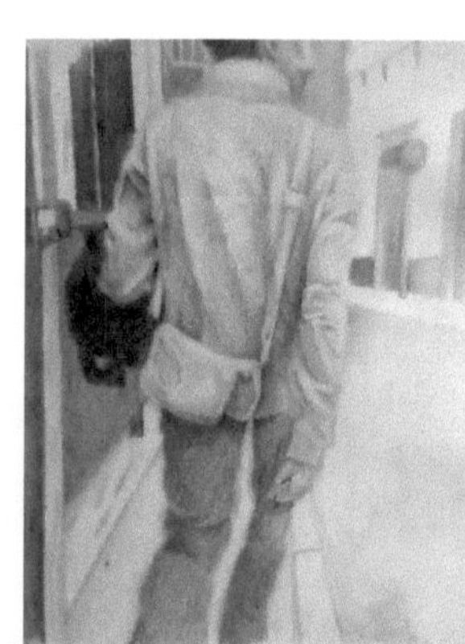

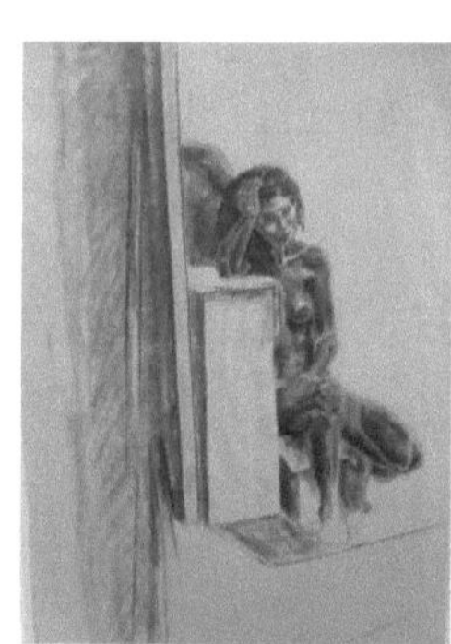

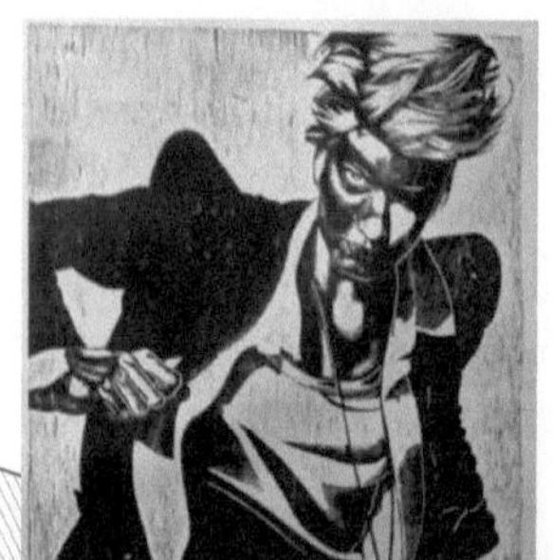

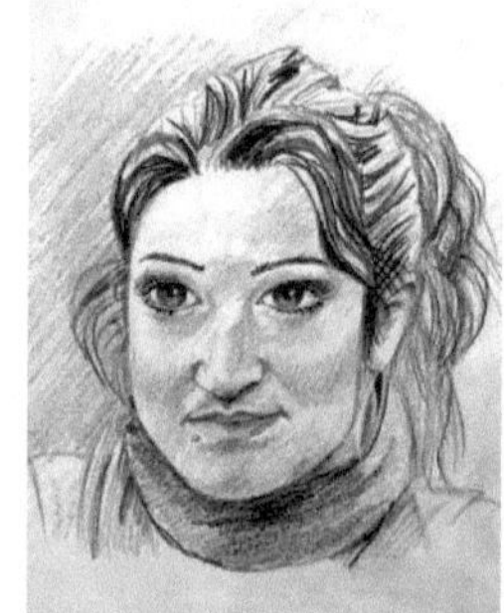

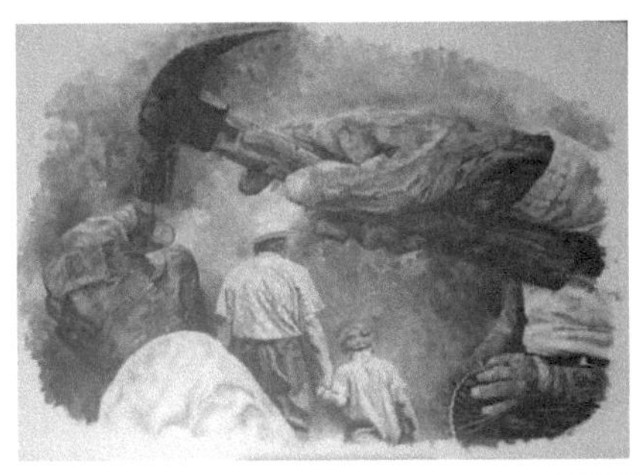

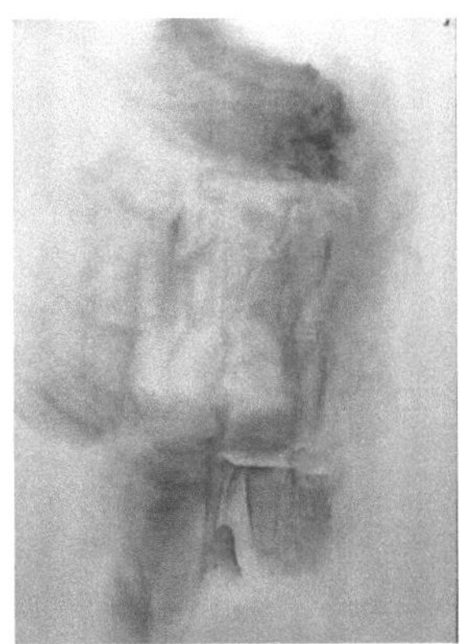

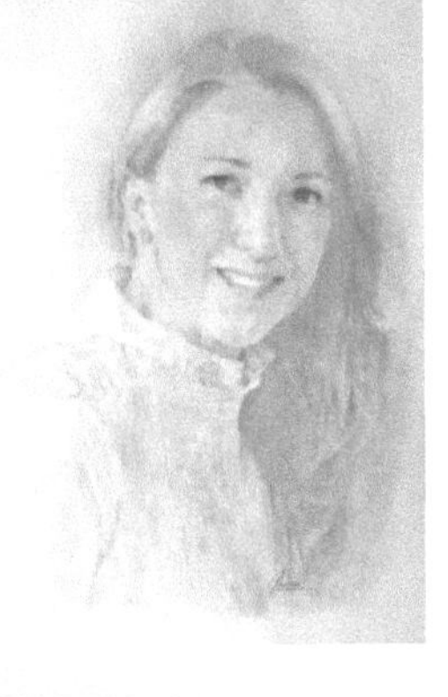

3.6.2–El claroscuro en el retrato

- Los ojos: muestran su profundidad a través de la oscuridad en sentido ovalado

- El labio superior suele ser mas oscuro que el inferior.

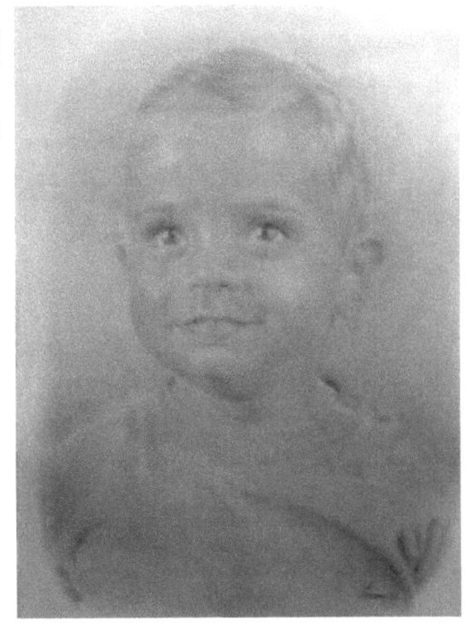

Primer paso: definición general de tonos en el mismo sentido indicado

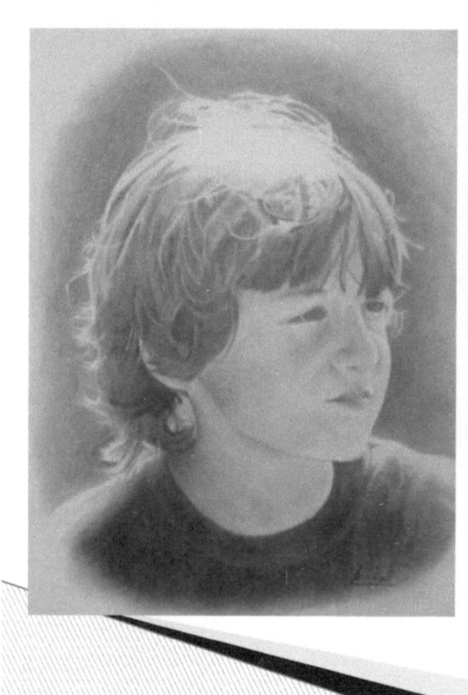

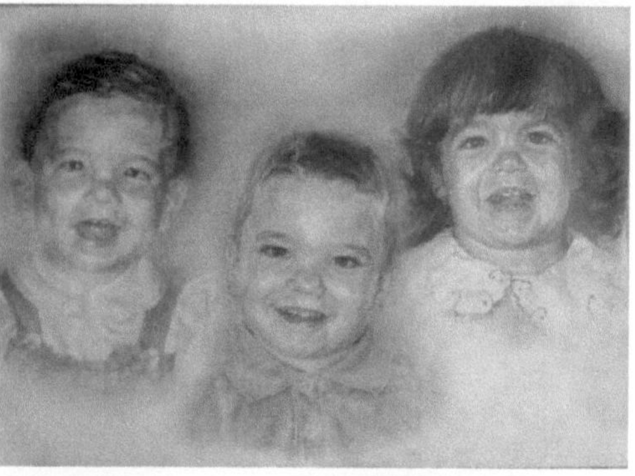

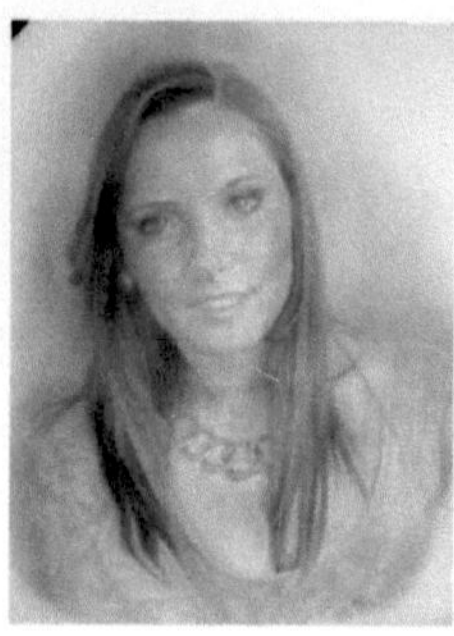

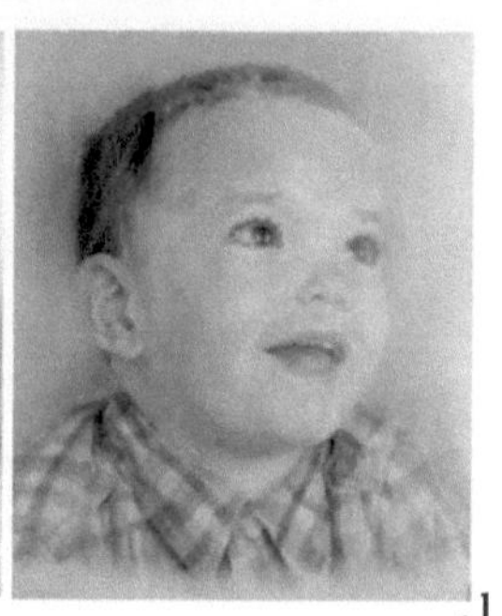

3.6.3–Valoraciones del fondo

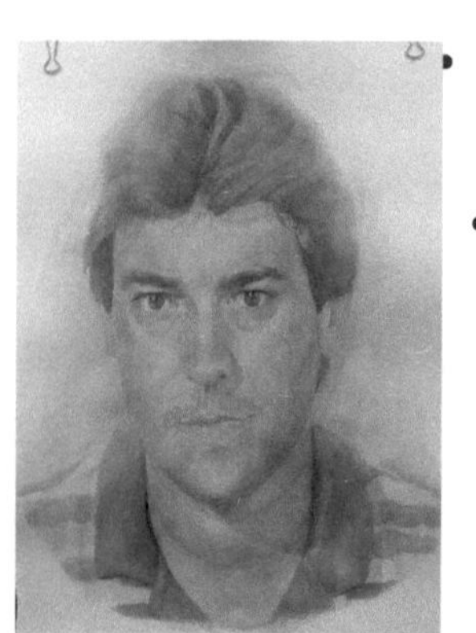

- 1–Los tonos se acercan a los tonos de la figura para establecer la profundidad.

- 2– La valoración con mayor contraste y el tono de mayor potencia (o más saturado) se encuentra en los primeros términos

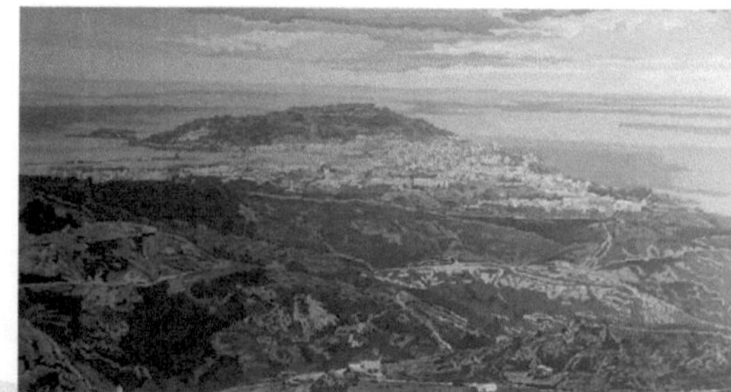

Primer término

Contraste

Claroscuro
Sombra en el
fondo que resalta
la figura

Luz y medio tono
en sombra

Definición de masas

Ejercicio práctico de repaso

- Realiza un dibujo del natural, buscando la valoración tonal a través del claroscuro. Ten en cuenta la valoración del fondo siendo protagonista la figura, creando un fondo que muestre la volumetría del objeto

Bloque cuatro. El color

- El color es una sensación que producen los rayos luminosos en los órganos visuales y que es interpretada en el cerebro. Se trata de un fenómeno físico-químico donde cada color depende de la longitud de onda.

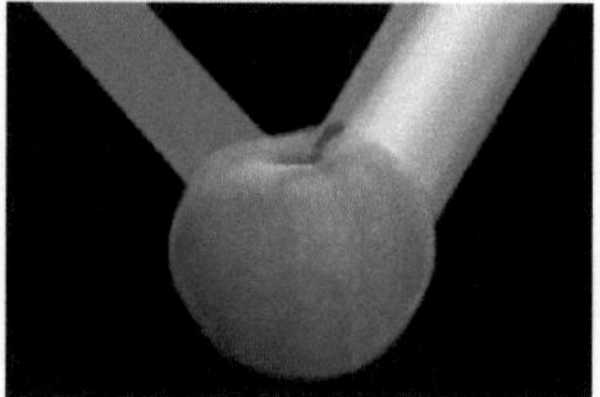

- Los cuerpos iluminados absorben parte de las ondas electromagnéticas y reflejan las restantes. Dichas ondas reflejadas son captadas por el ojo y, de acuerdo a la longitud de onda, son interpretadas por el cerebro. En condiciones de poca luz, el ser humano sólo puede ver en blanco y negro.

- El color blanco, en este sentido, es el resultado de la superposición de todos los colores. El color negro, en cambio, es lo contrario y se define como la ausencia de color. Cabe destacar que se conoce como colores primarios a aquellos que no pueden obtenerse a partir de la mezcla de otros colores.

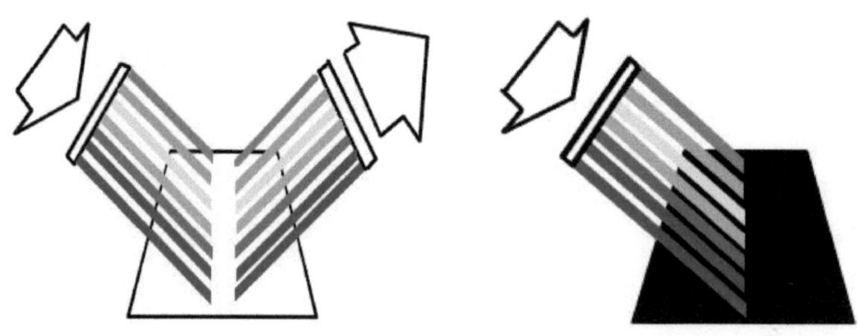

4.1–Materiales y procedimientos básicos del color

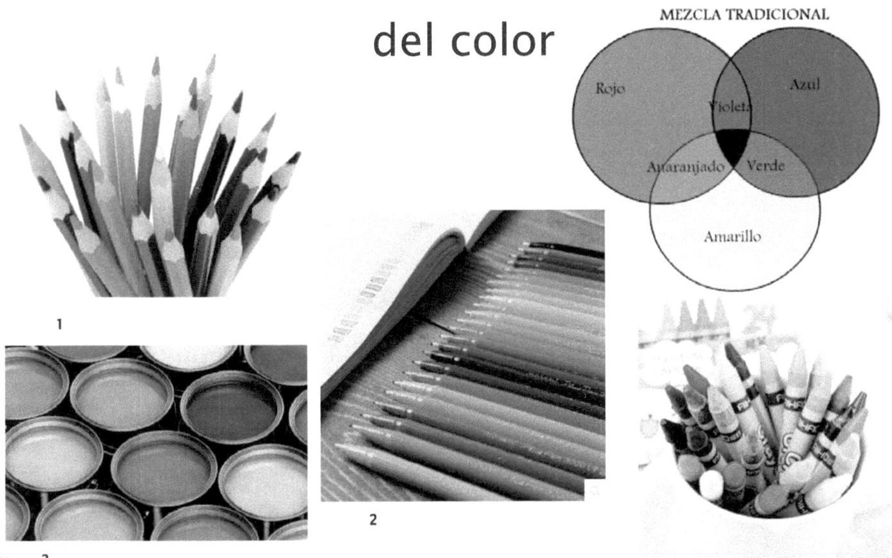

1-https://www.burnside.sa.gov.au/files/assets/public/community-amp-recreation/whats-on/pencil-pic.png
2-http://g02.a.a...om/kf/HTB1rE39HVXXXXc_XFXXq6xXFXXXF/3sets-lot-sketch-marker-pen-drawing-watercolor-markers-for-kids-school-supplies-marker-...int-colorful.jpg
3-http://www.padmavatiexpoch...pl/images/new/slides/resized/3.jpg

4.2–Modificación del color. Conceptos de saturación tono-valor.

- **Tono**: El tono es el nombre específico que se da a cada color. Cada tono recibe un **nombre** (rojo, naranja, amarillo, verde,azul...) y dentro de cada uno sus **valores intermedios** (verde amarillento, azul verdoso,naranja rojizo...) o compuestos.

Amarillo	Verde
Azul	Violetaa
Rojo	Naranja

- También: matiz, cromatismo o tinte

- **Valor**: de un color depende de la **cantidad de luz (** color blanco o negro).

- Indica el grado de **claridad u oscuridad.**

- **Degradado:** variaciones de cantidades de blanco o negro

- El valor también se denomina luminosidad, luminancia o brillo.

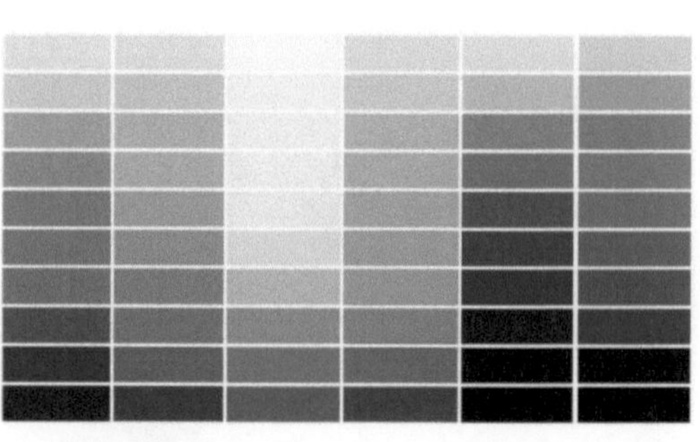

- Variantes claros: luminosos (naranja, verde, amarillo).

- Entornos oscuros: menos luminoso (azul, violeta, rojo). El **amarillo** es el más brillante.

- **Saturación**: **pureza** de un color.

- **Mayor grado de saturación**: colores primarios (magenta, amarillo y cian)

- **Menor nivel de saturación:** los grises:.

- Un color del círculo cromático está saturado: tiene el máximo poder de pigmentación, de coloración.

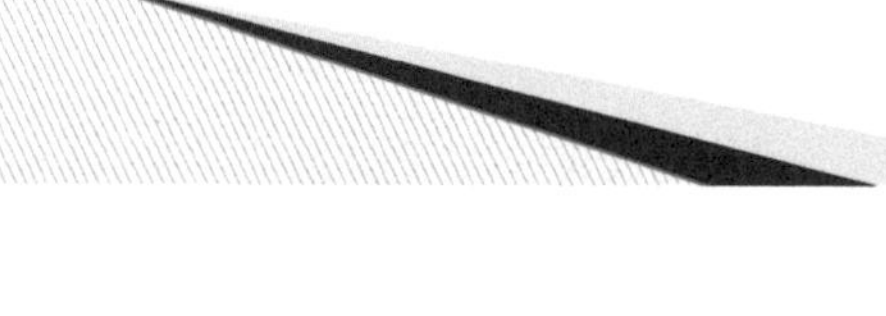

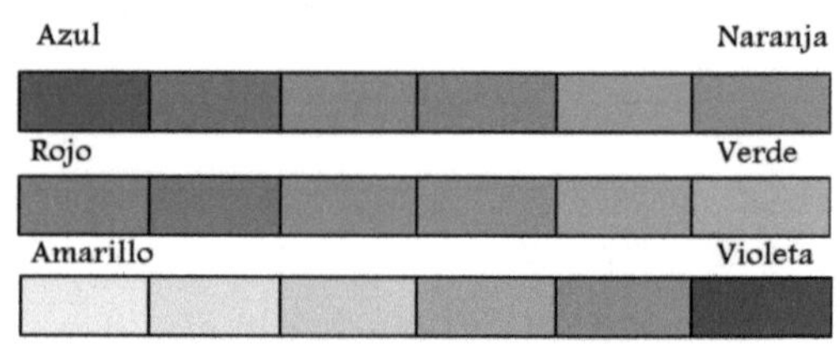

- Para cambiar la saturación de un color hay que mezclarlo con su complementario y, así, se obtiene la escala de saturación o de grises.

- ## El círculo cromático;
  diagrama circular que sirve
  para ordenarlos colores
  puros contenidos en el
  espectro de la luz.

- Los colores primarios están
  situados en posición
  triangular y sus
  complementarios en el lado
  opuesto.

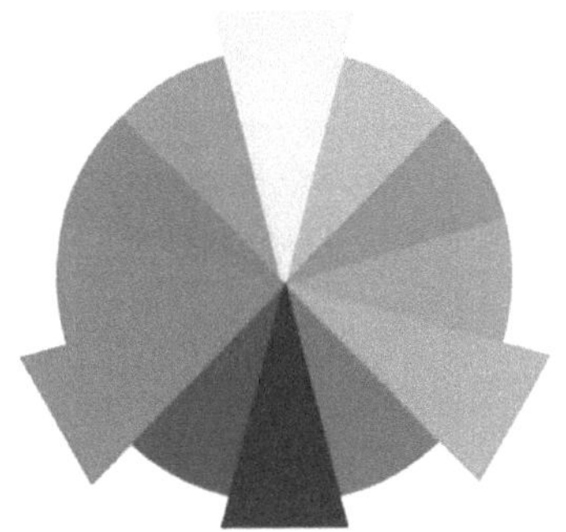

- colores primarios (magenta, amarillo y cian)

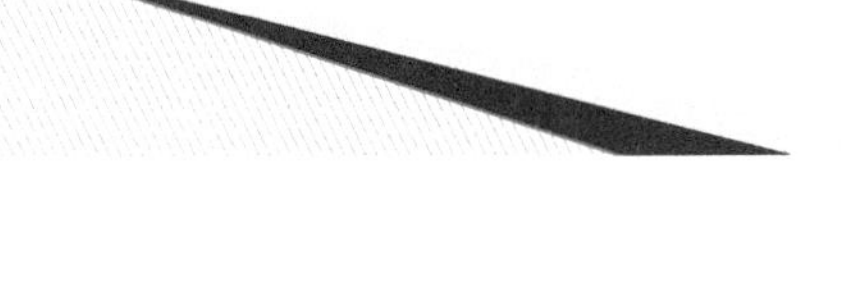

- Los **colores terciarios** se
  forman a partir de la mezcla
  de un primario y un
  secundario adyacente.

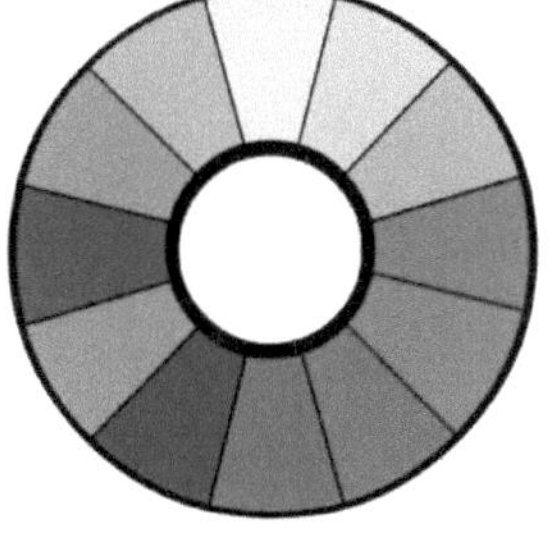

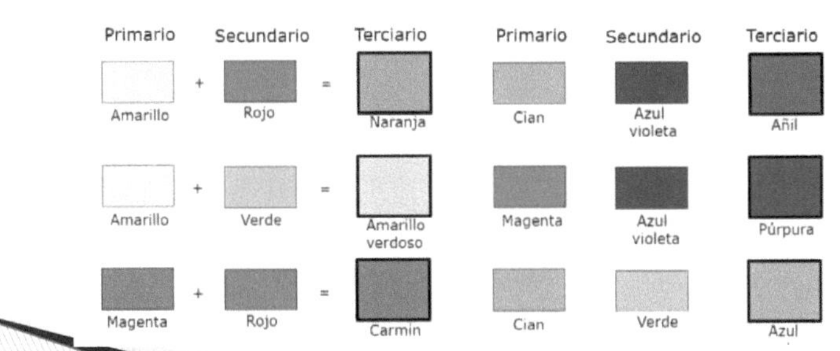

4.3-Armonías y contrastes

- **Armonía monocromática:** Resulta de mezclar un color saturado con negro o con blanco.

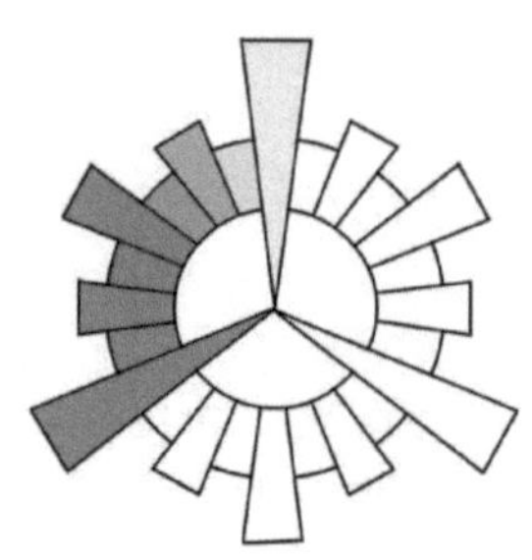

- **Armonía de colores cálidos.**

- **Armonía de colores fríos.**

  (La mitad del círculo cromático corresponde con los colores fríos y la otra mitad con colores cálidos)

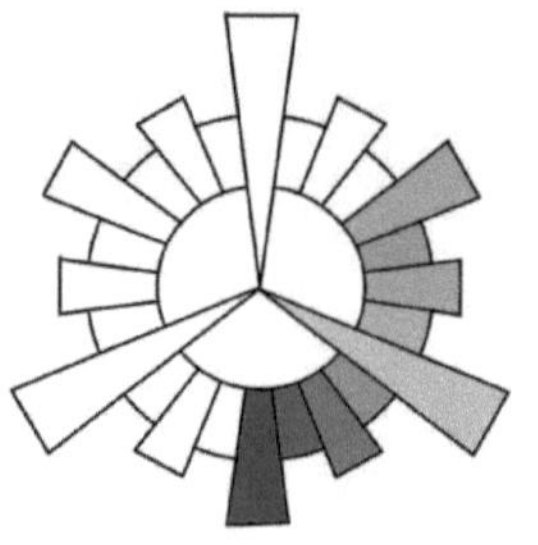

Pasos para realizar un dibujo en armonía monocromática

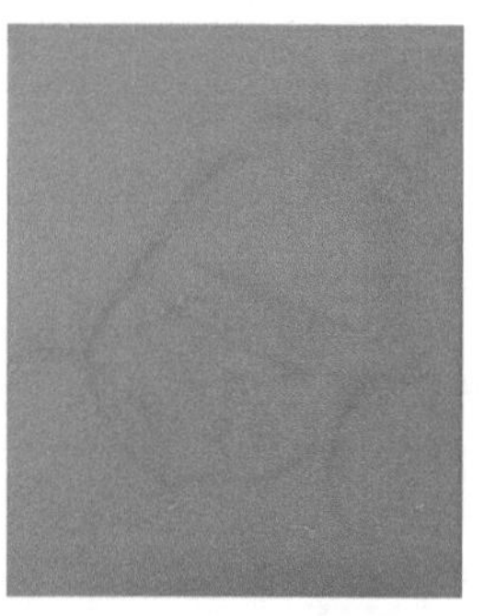

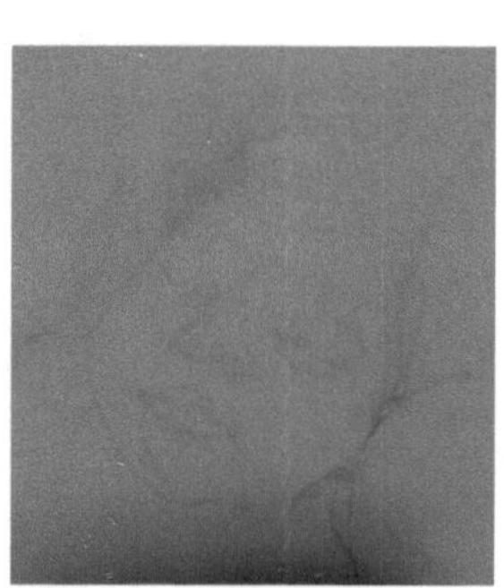

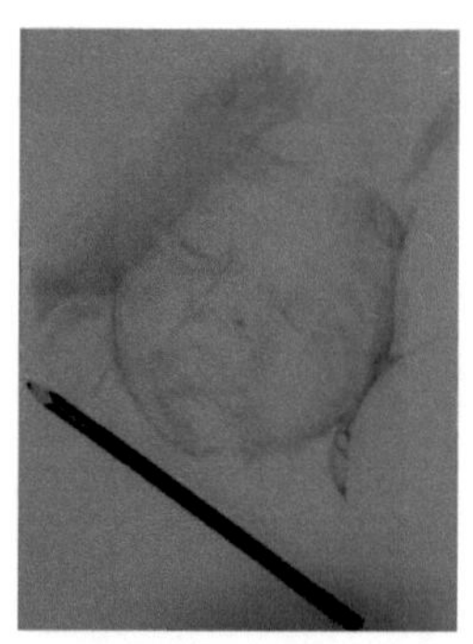

Encaje

Definición de formas

Inclusión del color elegido, mezclándolo con negro o blanco

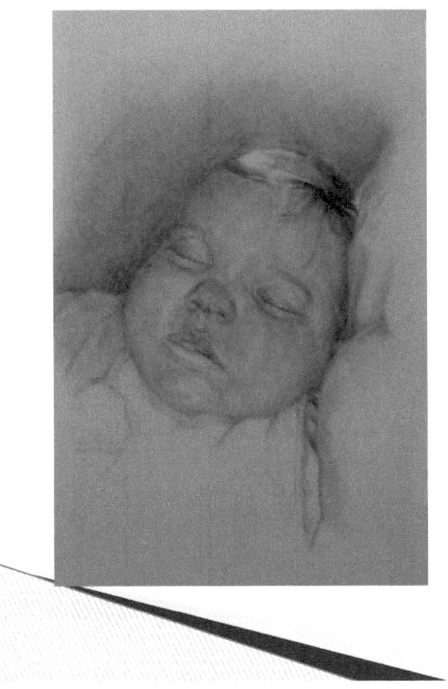

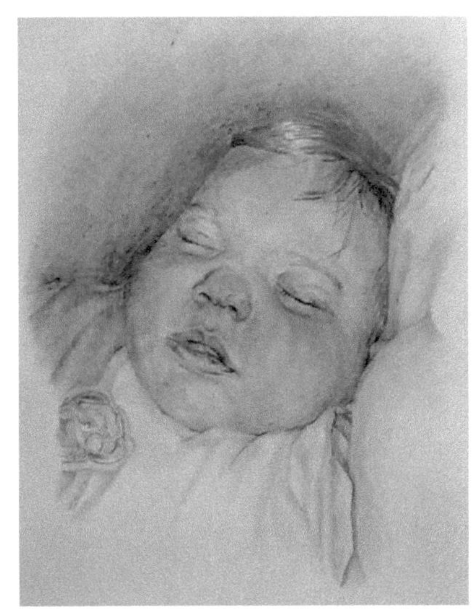

4.4–Teoría del color y percepción

4.2.1–Teoría del color

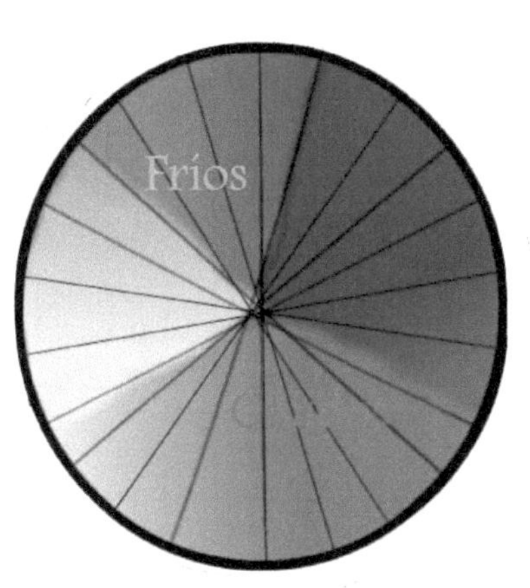

1) Cálidos: sensación de cercanía

2) Fríos sensación de lejanía

- En una gama cálida, los lilas-granates se acercarían a los fríos, actuando como tales.

- En una gama fría estos darían la sensación contraria.

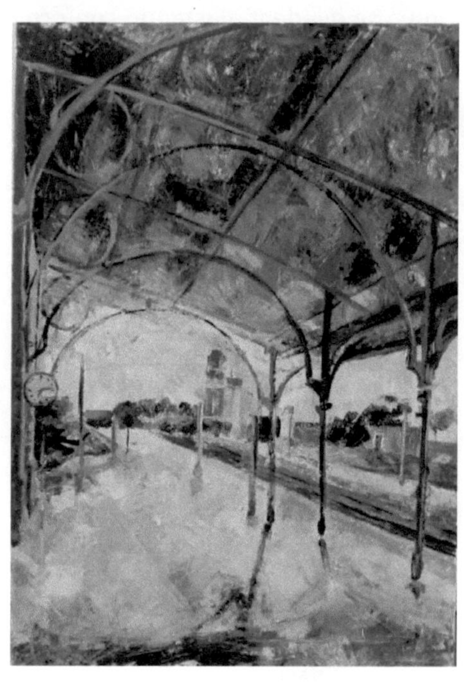

4.4.1- Percepción del color

- 1-La sensibilidad de la vista es mayor respecto a los tonos **amarillos**, que se perciben bien en la distancia en comparación con los **rojos o verdes**, que se integran más entre los colores del entorno.

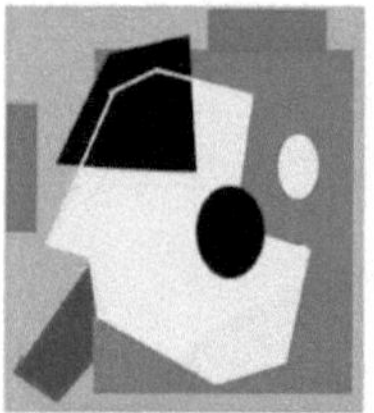
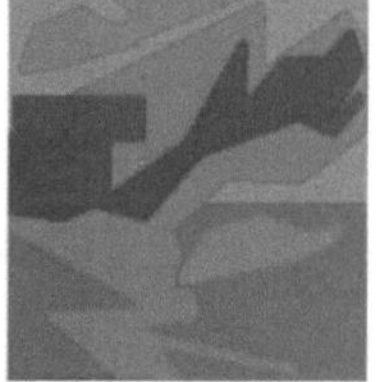

1

- 2-Se perciben mejor los **tonos oscuros sobre fondos claros** que los claros sobre fondo oscuro.

Percepción de mayor a menor

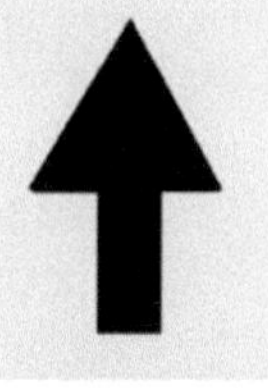

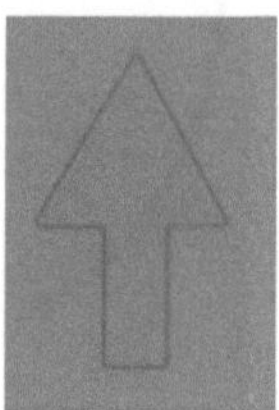

2

1-Colores en relación a los colores cercanos o combinado

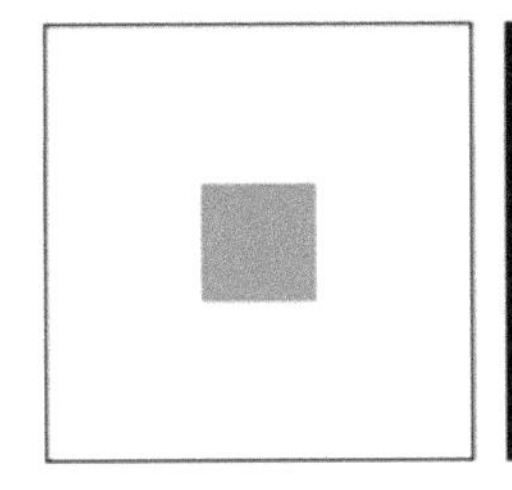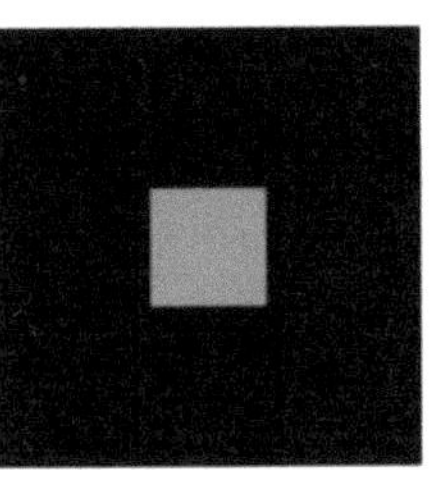

Percepción del color, matiz, valor y brillo

2- Más brillante o más opaco: intensidad cromática

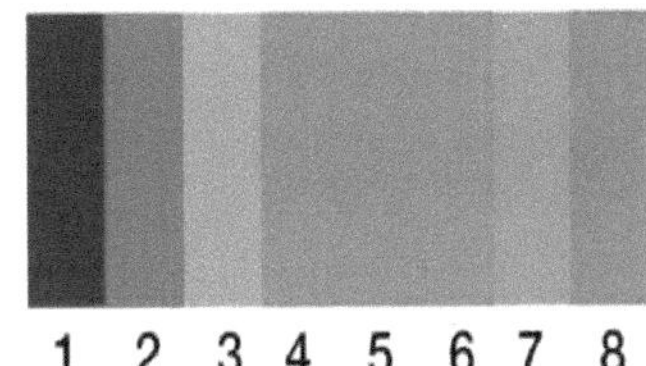

En la figura, el rojo n° 4 se aprecia como el más "vivo".

Pureza=saturación

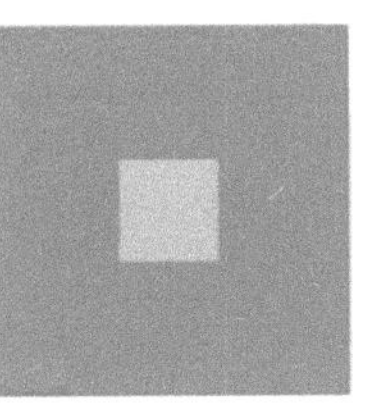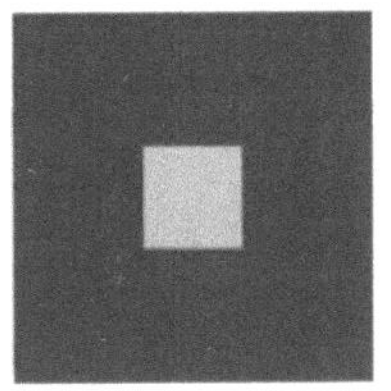

1

1-Respecto al fondo

2-. Color de imagen persistente o contraste simultáneo

Mismo: tono, valor, sturación, matíz y brillo

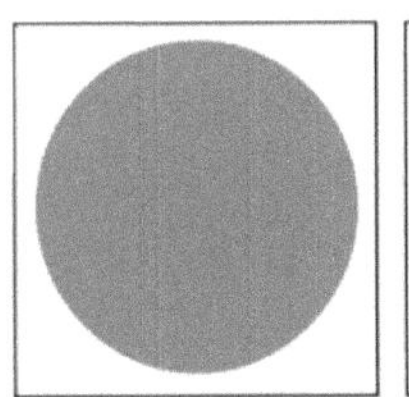

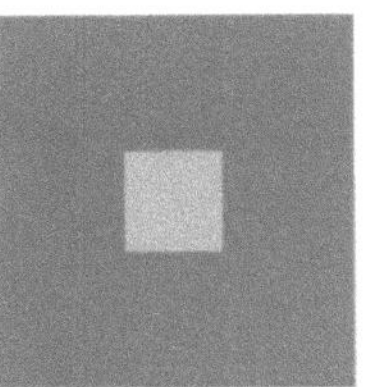

2

En la figura, luego de observar por un tiempo el circulo rojo, puede percibirse un circulo verde sobre el cuadrado blanco

Diferente: tono, valor, sturación, matíz y brillo

Igual percepción

3-Mezcla óptica

4-Efecto Berzol: Mismo
tono de fondo, dos
percepciones del mismo

5- Intervalos y
transformación cromática

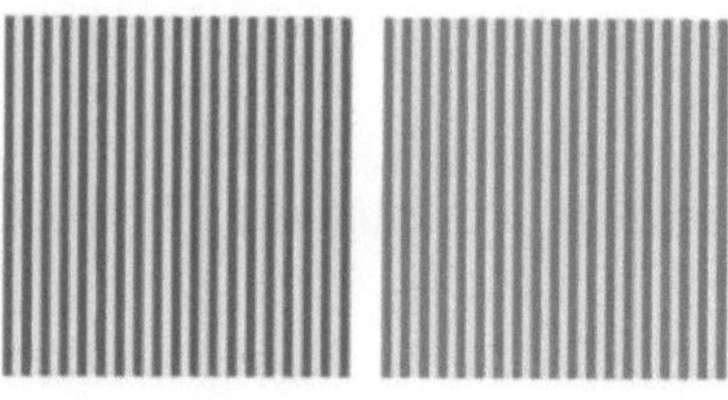

3

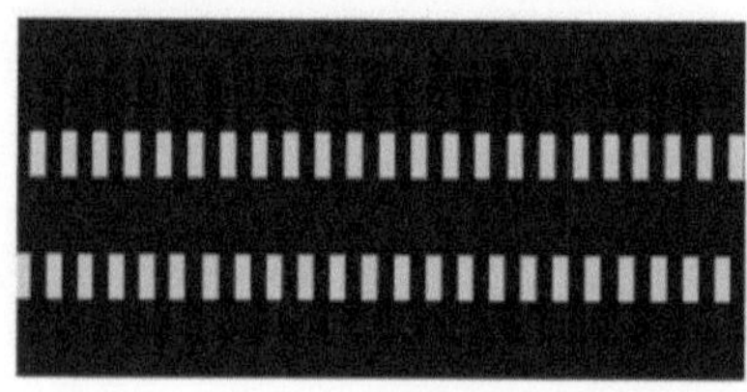

4

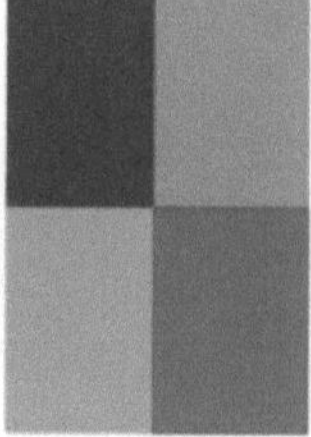
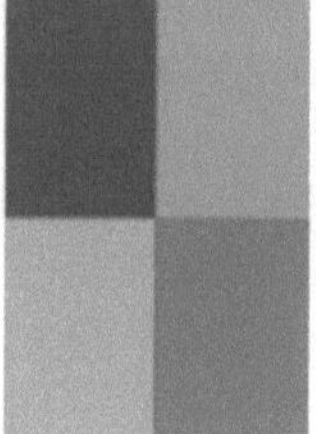

5- Mismo peso cromático
combinado, diferente
saturación

6-Yuxtaposición de colores: homogeneidad y heterogeneidad

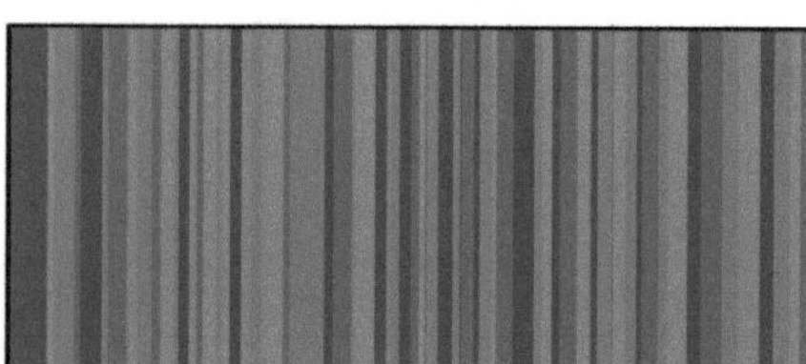

Mismos colores en diferentes
composiciones.

La primera se percibe como
conjunto, la segunda en cuatro
zonas

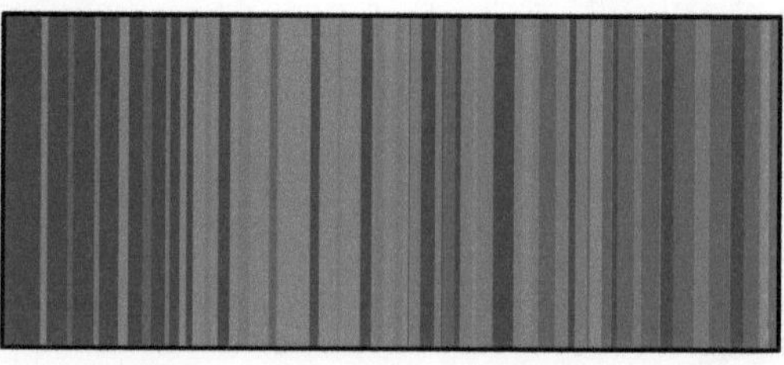

Cómo abordar un dibujo a color:

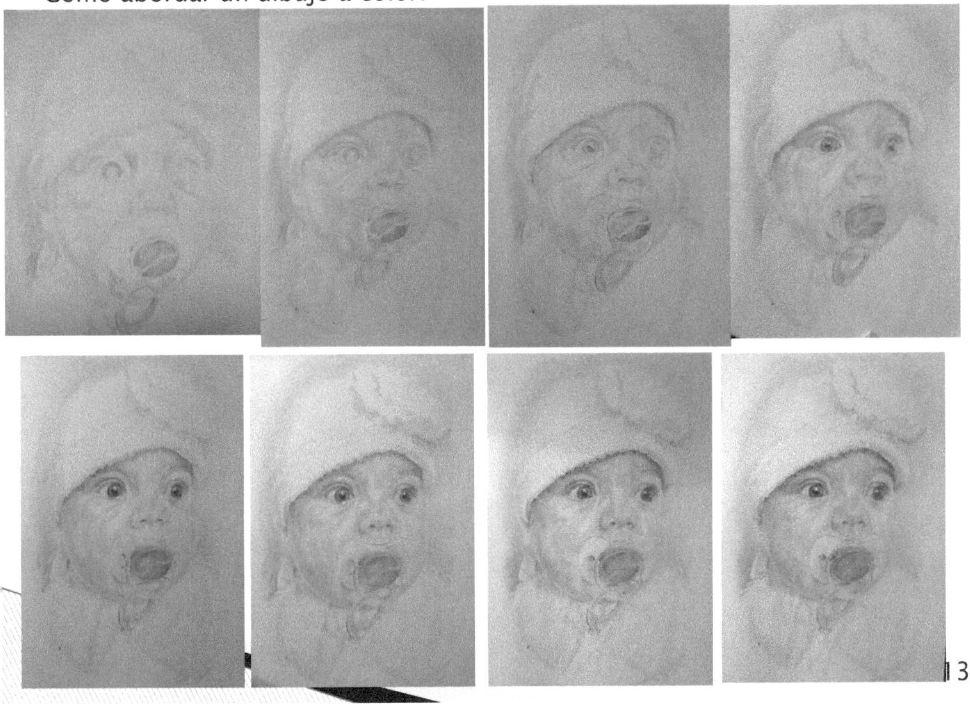

113

Fases sin concluir:

114

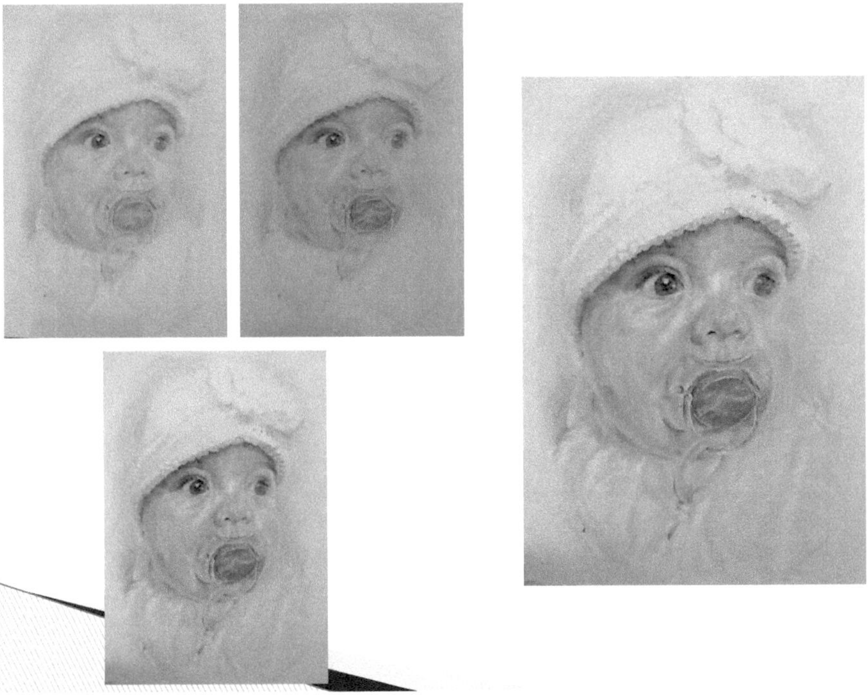